お金の不安から自由になって幸せな女になる

星野陽子

祥伝社黄金文庫

本書は、２０１４年４月に『貧困ＯＬから資産６億をつかんだ「金持ち母さん」の方法』として弊社より刊行された作品を加筆・修正のうえ改題し、文庫化したものです。

〜プロローグ〜

お金づきあい、うまくいっていますか？

「私はあなたが苦手」
「私はあなたと縁がないと思う」

そんなことを言われたら、どうしますか？
スッと離れ、近寄らないようにするのではないでしょうか。

あなた自身が、
「お金が苦手」
「お金には縁がない」
「お金のことを話すのは下品だ」

と思っていたら、お金はあなたに近寄らないので、もしかしたらあなたは一生お金と仲よくできないかもしれません。

生活者の意識、実態に関する調査を行なっているトレンド総研が女性500名にしたアンケートでは、「将来の不安の有無」についての質問に対し、97％もの人が「将来に不安がある」と答えています。そして家族に関する不安よりも大きいのはお金に関する不安。お金に関して、年金や雇用など不安要素はたくさんありますから、不安になるのは当然かと思います。

私もそんな女性の1人でした。

私は短大の英文科を卒業した後、製造機器のメーカーに就職をして輸出事務に携《たずさ》わりましたが、「女性はアシスタント業務しかできない」という職場に限界を感じて、女性でも管理職になってばりばり働ける外資系の金融機関（シティバンク銀行）に転職しました。お客様として職場にきたイスラエル国籍のユダヤ人と縁があって結婚するも、子どもを2人もうけた後、離婚。シングルマザーでも育児と仕事の両立がしやすい、在宅のフリーランスの翻訳者として働き出したのです。

徹夜を続けるほど仕事をしていたため、自分に万が一のことがあったら……と不安が募るようになりました。そこで、万が一のことがあっても子どもたちや自分が路頭に迷うことのないよう、「お金に働いてもらう」ことを考え、お金の勉強を自分に義務として課したのです。

イスラエルにおいて不動産事業で成功していた義父から手ほどきを受け、不動産投資を本格的に勉強し、現在は7億円相当の賃貸不動産（3棟）を所有して家賃収入を得ています。ローンを組んで購入しています（負債もあります）から、それほどの「成功」ではないのですが、特に優れたところもないシングルマザーである私が、お金に困ることがなく現在過ごせているのはとてもしあわせなことだと感じるのです。

一般的に、女性の人生には家事、出産、育児、介護など、男性に比べてより多く関わらなくてはならないことがあり、それらは仕事をしていくうえでは不利になったり、負担になっています。仕事上でハンデがあるので、女性は男性よりも給与が少なく、年金も少ないのです。しかも女性のほうが長生きです。一般的に結婚している女性よりも、シングル女性のほうが老後の備えをより多く必要とします。また結婚している女性に関しては、今までは男性に稼ぎを任せておけばよかったかもしれません。けれども今、あなたもお気づきのように、リストラや年金問題などがあり、昔ながらの家族モデルが通用する社会は終わり、以前とは事情が変わりつつあります。結婚していてもしていなくても、女性のほうがより真剣にお金のことを考えなくてはならないのです。

現在、私にはお金に関する不安があまりありません。いざという時に頼れる人たちがいますし、手に職があり、お金を生んでくれるいくつかの仕組みを持ち、いわばお金と仲よしの状態だからです。

しかしながら、十数年前に離婚を考えた時、私は乳児と幼児を抱えていて、預金はなし。その前の年のパート収入は年間わずか１００万円程度。離婚をして自分の力で生活をしていくのは、なかなか厳しい状況でした。

私は子どもたちを路頭に迷わせたくなかったので、3年間は「義務」として、苦手であったお金の勉強、しかもリスキーに思えた投資の勉強をしようと決意。ところが義務として始めた投資の勉強は、意外にもおもしろく、株式投資からはじめ、気がついたら7億円の投資用不動産を所有するまでになりました。お金について真剣に取り組んだ結果、2人の子どもたちに十分な教育を受けさせることができました。

私はまじめでよく働く父親と、地域のために無償で働いた専業主婦の母親と、赤ちゃんの頃からかわいがっていた妹と、私の4人家族で育ちました。いつもおいしい手作りのお料理を食べ、愛情をもらってしあわせでした。けれども、お金持ちというわけではなく、住居は小さい借家。私は4畳半の和室を妹と一緒に使っていたこともあり、住居にはコンプレックスがあったのです。ですから結婚するまで、お金には縁がないし、持ち家なんて夢のまた夢だという気持ちで、生きていました。たとえるなら、素敵な人（お金）がいても、私なんかどうせ相手にされないでしょう、とアプローチどころか挨拶《あいさつ》さえせず、ずっと遠くから少しばかり悲しい気持ちで見つめていたような感じです。

けれども結婚してから、夫がその「素敵な人」と仲がいいということがわかりました。そして私も仲よくなりたいと近づき、そして投資の勉強などを通じて、仲よくなっていったのですが、実際のところ、その人（お金）のことは何も知らなかったということに気がつきました。よくよく話してみるとその人（お金）は気取ったところもなく誰に対しても平等に接していました。

お金と仲よくなるというのは、とってもシンプルなことでした。お金のことを正しく知れば知るほど、お金が好きになりますし、お金からも好かれるようになります。私たちは家族や周りの人たちから正しいお金の勉強をしてきていませんし、学校の教科で学ぶこともありません。人生や日々の生活にとても密着しているお金なのに、実際のところよく知らないままつきあっているというのは不思議なことです。

「お金について真剣に考え、行動している人たちはお金に困っていない」

これは私がお金や投資について学ぶ過程で会った、お金に困っていない人たちに触れて感じたことです。学歴がなくとも、資金が潤沢でなくとも、そして特別秀《ひい》でたビジネスセンスがなくとも、きちんとお金の知識を持ち、行動すれば、お金はついてくるのです。社会に出ると、努力が必ずしも成果をもたらすものではない、というのをいろいろな場面で感じたりします。しかし、お金は誰にでも平等で、私は「お金に関する正しい知識」や「的確な目標に向けた行動」は確実にお金や成功につながっていると思います。

特に女性の中には「お金儲《もう》け」「投資」と聞くとつい拒否反応が出てしまう人も多いかもしれませんが、「だまされそう……」と漠然と不安を抱えるのはもうやめませんか。お金に関する知識などを得れば、不安はずいぶんと減ります。私自身もお金の知識を得てからは、なんであんなに苦しんでいたんだろう、もっと早く知っておきたかったと思っています。お金は自分や家族などの「しあわせ」「安心」「安全」のためのツール、そして「世の中をよりよくする手段」だと私は思っています。

お金のことを考えるのは、家族や自分の人生を考えることの一部です。「お金の話なんてはしたない」「お金のことを言うなんていやらしい」などと言わずに、まじめに人生やお金のことを考え、しあわせな経済的自立を達成しましょう。

あなたがしあわせな経済的自立をするためのヒントを、この本に書きました。うまくいった時のことも、恥ずかしい頃のことも、私自身の経験をすべてご紹介しています。あなたがお金と仲よくなれますように。

星野陽子

本書で書かれている投資は、著者の経験をもとに紹介しております。ご自身で投資をされる際は、あくまで自己責任で行なっていただくよう重ね重ねよろしくお願い申し上げます。

お金の不安から自由になって幸せな女になる

目次

~プロローグ~
お金づきあい、うまくいっていますか？……003

第1章 女こそ稼がなくてはいけません

若い女性に広がる「貧困」問題は他人事《ひとごと》ではないのです……020
男よりも女のほうがお金が必要な理由……022
結婚はリスクヘッジにならない……023
死ぬまで「いい妻」でいられますか？……025
土壇場で強いのは男よりも女である……028
結婚を考えているシングル女性に必要な3つの心得……030
コラム　**女は結婚したらしあわせなの？　映画から学ぶ理想と現実**……032
なぜあなたはすぐにお金に困るのか……036
セルフ・イメージこそ一番早いお金持ちへの道である……045

第2章

「貯められない女」が資産7億円を持つまで

武器は「英語」だけ。学歴もコネもなかった私……048
人生を変えたイスラエル人男性との出会い……051
夫の実家は資産家だった!?……054
子どもを抱えながらの仕事復帰……057
夜逃げ同然の家出。シングルマザーになる……060
稼ぐと稼ぐだけ生活が厳しくなる!?……064
不動産投資への原動力は「4畳半暮らし」というコンプレックス……065
「シングルマザー」「フリー」の不安を消す「不労所得」という稼ぎ方……067
初めての投資物件は440万円のワンルーム……068
負債にならない「自宅」を持つ……070
行き詰まった時に思い出した「メンター」の存在……072
シングルマザーに銀行は融資をしてくれない!?……075
「連帯保証人」がいない! 救ってくれたのは元夫……078
3億円マンションのオーナーになる……081

第3章 金持ち母さん的「お金の効用」

人はなぜお金持ちになりたいのか …… 086
本業以外で毎月5万円を手に入れることができたら、何に使いますか？ …… 091
「お金を得る方法」は無数にある …… 092
世界一お金儲けが上手なユダヤ人に学ぶ …… 094
お金持ちになるための必要条件は「投資思考」「誠実さ」「素直さ」 … 097

第4章 「しあわせな経済的自立」のための「7つのヒント」

どうしたら女性は「経済的自立」を手に入れられるのか？ …… 102
【「しあわせな経済的自立」のためのヒント】
❶自分でお金を稼ぐ …… 103

❷3年間という期限をつけ、好きなことを仕事にする……105
❸現金がなくても困らない稼ぐ（お金を増やす）力を磨く……110
❹複数の収入源を持つ……113
❺あえて敷居の高い仕事にチャレンジする（ストック型の仕事をする）……116
❻貯めるためではなく、「稼ぐための節約」をする……118
❼お金に増えてもらう……121
貯金よりインフレに強い株式投資／庶民でもできる不動産投資（不動産賃貸業）
コラム　**ゼロから不動産投資を始めて成功した女性たち**
夫は職人。貯金400万円からの大家さんに　～ひとみさんの場合～……136
大病を患った夫の介護をしつつお金を稼ぐ　～黄金ガールさんの場合～……145
女性こそビジネスオーナー、投資家を目指せ……150

第5章

知らないうちにお金が集まる女になる「8つの習慣」

【お金が集まる習慣】

❶今の自分はしあわせなのかを、問い続ける……158
コラム　**「自分のことは後回し」という母親はもうやめよう……164**
❷人生の手綱を握る……167
❸世界を良くするという「使命感」を持つ……172
❹「自分はできて当たり前」と思い込む……175
❺いつでもどこでも誰からも学ぶ姿勢を持つ……181
❻1か月の間で新しく行動すること、挑戦することを決める……185
❼継続できることから行動する……191
❽同じ目的を持つ仲間と会う……194

第6章

成功を手にするまでの「4つのステップ」

どん底にいても、確実に上にいける4つのステップ……200
STEP1　目標を設定する……202
STEP2　計画を立てる……209
STEP3　現状確認をする……213

ＳＴＥＰ４　「計画」と「現状」のギャップを埋める戦略を練り、
行動する……215
不動産資産7億をもたらしてくれた私の４つのステップ……222
成功への道はどの段階であろうと、しあわせをもたらしてくれる……226
おわりに……228

装丁＆本文デザイン：ＩＳＳＨＩＫＩ（デジカル）

第1章

女こそ稼がなくてはいけません

若い女性に広がる「貧困」問題は他人事《ひとごと》ではないのです

２０１３年11月、大阪で31歳の女性が生活に困った末に餓死するという事件が起きました。住んでいた部屋のガス、電気、水道などは止められ、冷蔵庫にはマヨネーズの容器が１つだけ……。30代というあまりにも若い世代が貧困によって命を落とす、というとても信じがたい事件でしたが、昨今の日本では、この「若年層の貧困化」が社会問題として注目されています。

その中でも、シングルマザーなどに代表される、「女性の貧困」はとても深刻な状況にあり、母子世帯の数は20年前と比べて倍近くの１２３万世帯に増え、貧困率（年間の可処分所得が１１２万円未満の世帯）は48％に上るといわれています。「ガールズ・プア」という言葉がメディアで取り沙汰《ざた》されるほどです。

２人の子どもを持つシングルマザーである私も、かつてはパートの仕事をしていました。ある翻訳者の経営する会社で、翻訳者がした翻訳に抜けがないかどうかをチェックしたり、雑務をしたりという仕事でした。

実は再就職を考えた際、最初にハローワークで紹介されたのは、銀行の営業のサポートの仕事でした。面接に行って合格をしたものの、銀行側の都合で採用自体がなくなったため、再びハローワークに出向いたところ、運命的なタイミングで、その翻訳の仕事と出会ったのです。

結婚とともに専業主婦となった私は、ハローワークに通う間、子どもを産んでからまた働き始める難しさを身にしみて感じました。短大卒で資格もない私を必要としてくれる会社なんて微々たるもの。しかも子持ちとなると、採用する側にとって、魅力的な人材ではないことだけは確かです。

もし銀行に採用され、翻訳の仕事を得ていなかったら、そして人生のいくつかのポイントで自分がした選択や決断が違うことであったら……、私が貧困層にいた可能性は低くないのです。夫との離婚を考えた瞬間から、私は常にこの「貧困」と隣り合わせにいたといっても過言ではありません。人生お金ではない。しかしお金がなくては子どもを食べさせることはできないのです。

女性の貧困、特にシングルマザーの貧困は、自分とはまったく無関係の話というようには思えません。

男よりも女のほうがお金が必要な理由

経済協力開発機構（OECD）加盟国では、女性の賃金は平均して男性より15％低いのですが、日本の場合は正社員で比較すると、女性の賃金は男性より25・7％も低いのです（OECDの2017年の報告書による）。また女性は男性より平均寿命が長く、年金は少ないという現実があります。

つまり、**男性より女性のほうが、老後の心配をしなくてはならない**ということです。厚生労働省によると、2015年の厚生年金の平均月額は、基礎年金も含めて65歳以上の男性は17万8928円ですが、女性は10万9180円です。自営業の人が加入する国民年金は、40年間保険料を払い続けて65歳から支給されるのは月約5万8780円（男性）、5万2339円（女性）です。女性の半分近くが90歳まで生きるので、定年が60歳であれば、定年から実に30年もあります。

今の生活だって苦しいのに、年金が支給されない期間のことや、年金が支給されてからの不足分のことも考えなくてはならないなんて……。そんなため息まじりの声も聞こえてきそうですね。仮にこれから景気が回復し、日本経済が潤《うるお》ったとしても、それは何もせずにいても生活が楽になる、という意味ではありません。社会的格差が広がるとも言われていますし、インフレなどで生活がさらに苦しくなることも考えられます。働く場所、稼ぐ仕組みを持たない人は永遠にこの苦しみが続くのです。定年を迎えた後の30年。あなたはどのように暮らしていくのでしょうか。

結婚はリスクヘッジにならない

「仕事が本当に嫌だから、いい男性《ひと》がいたら即刻仕事をやめる」という女性の言葉を何度か聞いたことがあります。

「いい男性」と結婚できたら安泰でしょうか。いい男性と結婚できたとしても、離婚、死別、リストラ、給料ダウン、病気などがないとは言い切れません。いい人だと思って結婚したのに、暴力をふるう人だったり、アルコールやギャンブルに依存するようになってしまったり、子どもができてから教育方針をめぐって仲たがいをしてしまったり……というのもよく聞く話です。

ちなみに最高裁判所事務総局が発表する「司法統計年報」によると2012年の離婚申し立ての原因のトップは男女ともに「性格の不一致」。その他、女性が離婚を考える理由としては「暴力をふるう」「生活費を渡さない」「精神的に虐待する」が挙げられています。離婚と聞くとつい「浮気」を想像してしまいますが、生活していくうえで、異性問題以上に耐えられない「夫婦の問題」が多く出てきているのです。

またいつまでも夫が元気でいる保証もありません。病《やまい》に伏せられたご主人を持つ女性の多くは「まさか、自分の夫が病気になるなんて思いもしなかった」と口をそろえて言います。人は誰しも「自分や自分の家族は大丈夫だろう……」という理由なき自信を持っているものです。しかしその一方で「万が一病気になったらどうしよう」という不安も抱えて生きています。高額の保険に入ったり、健康食品を買ったりするのはその不安を少しでも消したいからかもしれません。

2人で歩いていくものだと思っていた人生が、ある日急に1人で歩いていかなくてはいけなくなる、ということは誰にでも起こりうることなのです。

「でも、性格的に問題がなく、安定した職業を持ち、きちんとした金銭感覚があり、健康で浮気の心配のない男性と結婚できればいいのでは？」

と思うかもしれませんが、実際そんな男性はどれほどいるのでしょうか。

死ぬまで「いい妻」でいられますか？

富裕層であれば専業主婦も可能ですが、知人の富裕層の男性は妻たちの生活も楽ではない、と言っています。人によっては「いい妻」というポジションにストレスを感じることもあるからです。というのも、いくら生活が豊かだと言っても、やはり上には上がいますし、周りの人たちの子どもたちもいい幼稚園に入り、そしていい大学、優良企業へと就職していきます。自分の子どもを周りと同じようにエリートに育てるのも親の責任のようです。エリートにはエリートが集まるように、小さい頃から周りの水準とともに成長するように気を配るのは「妻」の役目なのです。

作家の林真理子《はやしまりこ》さんが『野心のすすめ』（講談社現代新書）の中でこう書かれていました。

「ここで、格差社会に目を向けてみましょう。社会的に地位のある男性が、自分の奥さんになってほしい女性に貧乏で教養もない女の子を選ぶことなど、いまの時代にあるはずないでしょう」

格差結婚なんてものはほんの一握り。男性も女性と同じように、地位や教養を結婚相手に求める時代なのです。

私にも思い当たることがあります。以前、イスラエルの富裕層の男性が婚約者を紹介してくれた時に、その男性は彼女のいいところを並べ、最後に「以前、数十人が集まるパーティーを2人でしたんだ。彼女は本当に料理もうまくて、テーブル・コーディネートも会話も完璧だった。最高のホステスだったよ。大人数のパーティーでもうまく切り盛りできるのが、結婚相手に対する条件の1つなんだ」と私に言っていました。社会的地位が高い男性は、女性に対する要求もなかなか高いのだと驚きました。ステータスのある男性であれば、彼の友人たちともつきあっていける妻でなくてはいけません。食事に招待して、きちんとおいしい食事が出せ、センスの良いテーブル・コーディネートなどもでき、会話も知的で楽しくなくてはならないのですね。

もちろん、生まれた時からそういう世界で生きてきて、心穏やかに暮らせる人もたくさんいます。生まれ持った「品」や自然と身に付いた「教養」で、完璧に妻としての役目をこなせる女性はまたそれでとても魅力的なものです。

しかし、何不自由ない生活をさせてもらっていても、心の満足を得られない人たちもいます。彼女たちは自宅でサロンを開いたり、自分で事業を起こしたりしますが、切羽詰まっていたり、本気で何かをしている人たちと志《こころざし》が違いすぎます。だから、成果を出すことができずに、すぐ飽きてしまうことも多いのです。

土壇場で強いのは男よりも女である

私は離婚をしましたが、その理由はここでは詳しく書けません。お互いの言い分があるのに私だけの言い分しか書かないのはフェアではないからです。

ただ離婚のことは他人事だと思わないでほしいのです。なぜなら私は離婚を他人事だと思っていて、いざそれが自分の身に降りかかってきた時、想定外のことにどうしていいかわからなかったからです。「離婚をする人は努力が足りないのでは？」と思っていたので、長い間離婚に踏み切ることができませんでした。

離婚をした人たちで、離婚をするかもしれないと思って結婚した人はいないのではないでしょうか。離婚を考えたり、離婚をした後で、1人で生きていくという決心をした時に、私のことを思い出して連絡してくる友人や知人が少なくありません。

離婚だけではなく死別ということも残念ながらあります。私たち女性は、結婚したとしても、また1人になることが多いのです。いつ、その時期を迎えるかは自分ではコントロールできません。

人生は何が起こるかわからないもの。たとえ何があろうと、きちんと自分の足で立つことさえできればどうにかなるものです。

意外と男性はもろく、一度地位や名誉を失うと、そのまま崩れてしまう方が多い気がします。過去の栄光が邪魔をし、人に頭を下げることができなかったり、「こんな仕事はしない」と仕事内容を選んでしまったり。その一方、**窮地に陥った女性ほど力強《づよ》いものはありません。**

しかも子どもなど家族を抱えている女性の底力は計りしれません。「何としてでも子どもには食べさせなくては」という母親の本能が火事場の馬鹿力を見せたりします。母親が頑張ったり、苦労をした姿を見たという人たちはとても多いかと思います。また離婚を決心した女性が、すくっと立ち上がるのを私は何度も見ました。女は強し。あなたにもその強さがあるのです。

結婚を考えているシングル女性に必要な3つの心得

これまでいろいろと結婚のリスクを説明してきましたが、結婚したいという女性の夢を壊すために書いたわけではありません。少しでも「経済的な不安のために好きな人と結婚できない」という人が減ってほしいと思っているだけなのです。私は元夫と出会う前、結婚を考えていた人がいました。しかし彼はまだ大学院生で収入もなく、将来的には経済的に余裕のある（家の）女性と結婚したがっていたのです。今考えるとあの別れは必然だったのだな、とも思いますが、しばらくは「もし、私にお金があったら……」と悔やんだものです。

私は離婚しましたが、今でも結婚してよかったと心から思っていますし、強い絆《きずな》で結ばれたしあわせなカップルもたくさん知っています。ただ、しあわせなカップルであっても、お金の問題は人間関係を悪くしてしまうことも事実なので、つねにお金に関する知識、マネーリテラシーを身につけておくというのは重要なのです。

もしあなたが未婚で、いつかは結婚したいと考えているとしたら、独身時代に次の3つをしておくことをお勧《すす》めします。

1 手に職をつけておく

2 お金の勉強をしておく

3 心理に通じる（本を読む。映画を観る。さまざまな人とつきあう）

もし私が独身時代にこの3つのことを心がけていたら、我慢し、涙を流す日々も少なくなったのでは、と思います。もちろん結婚してからだって遅くはありません。何歳になっても人生を変えるチャンスはあるのだから。

Column

女は結婚したらしあわせなの？映画から学ぶ理想と現実

『クレイマー、クレイマー』（ロバート・ベントン監督）

仕事熱心で家事と育児を妻にまかせきりな夫を見限り、妻は家を出る。夫は慣れない子育てをするが、仕事との両立に苦悩する毎日。しかし次第に親子で協力し合い生活するうちに、2人の絆は深くなっていった。そんな時、不注意で子どもに大ケガをさせてしまった夫は、仕事も手につかなくなってしまい職も失ってしまう。そんな夫を見て、妻は子どもの養育権を主張。夫と妻が裁判で争うことに。

親の結婚が破綻《はたん》すると、子どもは巻きこまれます。親の都合で急に生活を変えなくてはいけなくなる子どもは、ストレスで心のバランスを崩してしまうことも。子どもを持つ家庭の離婚は、「子どもの最良の利益（best interest of the child)」を考慮に入れるのが大切です。

また一人親だけで仕事と子育てをするのは容易ではありません。主人公の男性が慣れない家事に悪戦苦闘する姿には、とても同情してしまいますが最近は、日頃から家事や育児に協力的な男性も多くなりました。夫も妻もそれぞれ、自立した人間として相手を尊重していたら、離婚という結果にもならなかったかもしれません。

『ブルーバレンタイン』(デレク・シアンフランス監督)

どこにでもいるカップルの出会いから結婚、そして破局までのラブ・ストーリー。若い頃に情熱のまま結婚した夫婦だったが、妻のほうが夫よりも仕事に真剣な「格差婚」で、7年という月日が2人の心を冷めきったものにしてしまう。子どもの前では何事もなく振舞う夫婦だが、夫のちょっとした言葉や行動に妻は不満が募るばかり。夫が夫婦の危機的状態に気付いた時には、妻はもう夫を受け入れられないほどになっていた。

愛しあった2人が一緒に生きていく難しさがわかります。大きな事件はないけれど、日常の些細《ささい》なすれ違いが、やがて取り返しのつかない結果を招いてしまう。どこの夫婦にも起こりそうな話です。恋愛中は誰もがその愛情が永遠に続くと思ってしまいますが、何もせずにいたら愛は冷めてしまうのでしょう。

遠藤周作《えんどうしゅうさく》はこのようなことを言っています。

「愛するとは状態ではなく創る行為です」

結婚したからといって、しあわせが約束されたということにはなりません。むしろ結婚した後のほうが大変なのかもしれません。

『ふたりの5つの分かれ路』（フランソワ・オゾン監督）

あるカップルの離婚、いさかい、出産、結婚、出会いという5つの場面を、時をさかのぼって表わしている。離婚手続きを終えた「元」夫婦は、ホテルでセックスをする。まだやり直したいと思っている夫と、夫との関係に完全に終止符をうった妻。2人の思い出に残る5つの季節には、一組の男女の心の変化が静かに映し出されていた。

離婚届を出した直後のセックス、結婚式の夜の危険な誘惑などのエピソードがあり、人間の複雑な心理が描かれています。温厚な妻は、夫に不満があったとしても罵倒《ばとう》することもなく、内に溜めてしまうタイプ。それぞれのエピソードに伏線のように出てくる、諦《あきら》めとも落胆とも違う妻の表情から、愛情を与える難しさが伝わってきます。ホテルから出ていく妻の姿には、これからは自分の足で人生を歩いていく、という自立した女性の誇りを感じました。

なぜあなたはすぐにお金に困るのか

お金で悲しい思いをした自分の経験や、お金に困る人たちを目の当たりにしたことで、わかったことがあります。私たちは日本という恵まれた国にいるので、仕事がある人であれば、比較的簡単にお金に困らない状況にいることができます。それでもお金に困るというのは、**「収入より多く使ってしまうこと」**、**「お金の知識がないこと」**、**「自らお金を遠ざけてしまう心理」**、そして**「低い自己評価」**が主な原因なのです。

【お金に困る理由その1】収入より多く使ってしまうから

この**「収入より多く使ってしまうこと」**は身に覚えがある皆さんもいらっしゃるかと思います。かくいう私も、若い頃はバッグやアクセサリーにお金をたくさん使ってしまうことがありました。クレジットカードのリボルビング払いや借金まですることはありませんでしたが、お金はあるだけ使ってしまうので貯金の残額はいつも寂《さび》しいかぎり。

たしかに若い時は一瞬。若くなくてはできないファッションを楽しんだのは、それはそれでとても良かったと思います。しかし、私の場合は、衝動買いがあまりにも多かったですし、欲しいと思うと我慢ができないことも多かったのです。ブランドのバッグを持っていれば、それなりに稼いでファッションも手を抜かないOLという良いイメージを手に入れられるのではないか、さらにはそんなイメージの私は、学歴や収入の高い男性とつきあえるのではないか、という、単純で思い込みの激しい面もありました。今考えると、何とも稚拙《ちせつ》な思い込みです。

【お金に困る理由その2】お金の知識がないから

私は実家が借家でお金の知識がなかったため、家を買うには貯金をこつこつして、数千万円というお金を貯めるしか方法はないと思っていました。そして数十万円すら貯められない私は、一生家を所有することができないと思い込んでいました。認識が変わったのは、結婚をしてイスラエルに行った時。夫の父が「義理の姉の家族の家は、自分がプレゼントしたものだ」と言い、しかも「その家はただで手に入れた」と言った瞬間でした。「え!?　家がただで手に入る?」と何も知らなかった私は大変驚きました。

日本でも賃貸併用住宅などに住み、家賃収入で家のローンを払うことで、自分のお金を使わずに家を手に入れている人たちがいます。それまでの私はこのようなことができるのは、実業家や親からの資産があるなど、私とは違う「特別な人」たちなんだ、と思っていました。しかし義父の話を聞くと、頭を使うことで不動産を手に入れることができています。もしかしたら、私が知らなかっただけで、そういう知識があれば、「特別な人」でなくても、お金がなくても、家を手に入れることができるのかも?　それまで長年抱いていた、家に対する悲しい諦めの気持ちが、一瞬で消えました。

また、株に関しても知識がなくて悔しい思いをしたことがあります。新規公開株（IPO：P125で詳しく説明します）を配分してもらったことがあり、上場してすぐに5倍近くの株価（200万円が1000万円近く）となったのですが、新規公開株とは何か、そして売り時がいつか、という知識がなかったため、急激に上がった株価が、急激に下がっていくのを指をくわえて見るしかなく、いいタイミングで株を売ることができませんでした。あの時は自分の無知によって、とても悔しい思いをさせられました。

私が株式投資や不動産投資など、お金に関する勉強をするようになってわかったのは、「お金」の知識を増やせば、必ずお金は増えてくる、ということです。「お金の知識」があるかないかでは雲泥の差です。「お金」を増やすには「お金」を知らなければならないのですが、学校でも勉強しませんし、「お金のことを話すのはいやらしい」などと思って、一生お金のことを知ろうとしない人が多いのです。

【お金に困る理由その3】
自らお金を遠ざけてしまう心理があるから

さまざまな理由や背景から、お金を持つことを無意識に拒否してしまう人たちがいます。それは罪悪感だったり、お金を持つと不幸になるという思い込み（刷り込み）だったり、セルフ・イメージが低くて、自分にはお金や豊かさを受け取る価値がないと思っていたり……などです。

知り合いの男性は、お父様が実業家として成功されていて、

「父親から、努力しつらい思いをしないとお金は稼げないのだと、繰り返し聞いていました。お金イコールつらいもの、と思ってしまっているので、売り上げを上げろ、と言われると、つらさが増すと思って恐ろしくなる」

と笑っていました。お金を持ったり稼いだりすると罪悪感を覚えるのであれば、どうしてそう感じるのか、考える必要があります。親や職場の上司などの影響も大きく、「株なんかやらないで、まじめに働きなさい」と言われて育った人たちもい

ます。株はパチンコなどのギャンブルとは違います。「こつこつまじめに働いて貯金をするのが正しい」「お金の話はしたないこと」など、言われてきた言葉が正しいのかどうか、自分の頭で考えてみましょう。

私は、実家の住環境が良くなかったことや、お金がないと思って留学したいと言い出せなかったこと、金銭的な原因で結婚できなかったことが二度もあったりして、お金で悲しい思いを幾度となくしました。ですから「私はお金とは縁がない」と無意識にずっと思っていました。後から思えば、そのような「お金とは縁がない」という思いが、豊かさを遠ざけていたのです。お金は誰にでも平等。お金のことを正しく理解している人のところにはお金は集まってきます。そこに生まれ育った環境も、学歴も関係ないのです。

また以前は、「お金」の話をする人のことを「がめつい人」「余裕のない人」と思う心もありました。これは日本人すべてに言えることですが、お金を稼いでいる人に対する悪いイメージ、お金儲けに対する強い偏見が、人前でお金の話をすることをタブーとしてしまっています。なぜお金の話をするのはいけないのでしょうか？

そのお金の話を避ける心理はどうして作られてしまったのでしょうか。

元夫が真剣にお金に向き合う姿を見て、私は考え方を変えました。お金のことを真剣に考えることは、家族や人生に真剣に向き合うことの一部である、と気づいたのです。

また、ユダヤ教ではお金は神様からの祝福といわれており、「精神的な豊かさと経済的な豊かさは両立するだけではなく、両方の豊かさがあって完全な状態」と考えられています。

お金を持って不幸になった人たちを見ると、私たちは「お金は不幸をもたらすのだから、自分たちが生活さえできればなくてもいい」などと考えてしまいます。けれども私はしあわせなお金持ちもたくさん見ました。そしてお金のことばかり考えてお金持ちになった人はあまりしあわせでないし、精神的な豊かさと経済的な豊かさを両立させた人はしあわせだし、周りの人たちもしあわせにしていると思うに至ったのです。

【お金に困る理由その4】自己評価が低いから

私はユダヤ人とつきあうようになって、彼らが日本人と比べてとてもセルフ・イメージや自己評価が高いのに気がつきました。またユダヤ人に限らず成功している人たちを長年、観察していますが、やはり自己評価が高い人がほとんどだと思います。

苫米地英人《とまべちひでと》氏は『苫米地英人の金持ち脳〜捨てることから幸せは始まる〜』（徳間書店）で、金持ち脳になるには、「金で満足は買えないという事実を知ること」と「エフィカシーを上げること」の2つを認識することだと述べています。

エフィカシーとは、コーチングの用語で「自己能力に対する自己評価」という意味で、エフィカシーを上げるということは、「自分は金を稼げる人間だという自己評価」を上げることだそうです。

私自身も一番注力してきたのは、お金や成功を追い求めることよりも、自己評価を上げることでした。「私は、やりたいことをやって、素晴らしい人たちとつきあい、人々から評価をされ、お金はどんどん入ってくる人間である」と、自分を信じることをいつも心がけてきました。いつも心がけたというのは、私はもともと自己評価がとても低く、うまくいったことがあって自己評価が高くなったとしても、油断するとすぐに低くなってしまうからです。

女性は自分を過小評価する癖があると言われていますが、「控えめ」だったり「上品」だったりするほうが、一般に望まれているかもしれません。自信満々よりは自信なさそうなほうがモテるかもしれません。

男性の「好きな女性《ひと》を守ってあげたい」という気持ちと、女性の「好きな男性《ひと》に守ってほしい」という気持ちが合致できた時代はそれでよかったでしょう。けれども、今は「守ってあげたくても、このサラリーでは無理」と思う男性も増えてきています。「私もある程度稼げるから協力して生きていこう」と女性が思ったほうが、経済的に不安で結婚できないという悲劇を減らし、好きな人と結婚できる可能性が高いのではないでしょうか。自信のなさを時には演出してもいいと思いますが、ぜひ、高い自己評価を持って、稼げると信じてください。

セルフ・イメージこそ一番早いお金持ちへの道である

お金稼ぎのテクニックやお金持ちにつながる「コツ」や習慣をいくつも紹介したところで、あなたが「稼げる」と信じていなければ、行動を起こさないでしょう。

私が融資を使った不動産投資ができているのは、いくつかの銀行が個人にでも多額の融資をしていた時期があったからです。そのような状況や有効なテクニックや方法は日々変わってきますし、それぞれの人の条件も違います。ですが、「お金に愛される人間」だと自分を認識していれば、いつでも、どんな状況でも、稼ぐテクニックや方法は自分で見つけられると思います。

よく「誰にでも簡単にすぐにできること」を教えてほしいと言われますが、自分をこのように認識することではないでしょうか。お金もかかりませんし、お勧めします。

生まれながらに自己評価が低かった私が、どうやって高めていったかというと、夜寝る前などに深呼吸をして目を閉じて、うまくいっている自分を想像したり、「できる！」と唱えました（アファメーション＝繰り返し唱えたりイメージしたりすることで潜在意識に働きかけること）。自信がなくなってしまったり、なにか失敗した時にもしましたし、ふと思いついた時に（なぜかトイレなどで）もしました。もちろん今でも思いついた時にするようにしています。それが一番大切だと認識しているからです。

できる自分がイメージできれば、行動も自然と変わっていきますし、結果もついてきます。

先に述べた「収入より多く使ってしまう」「お金の知識がない」「お金を避ける心理」を解決するためにどうしたらよいのかは第4章に書きます。

その前に、お金を貯めることができなかった私がどのようにして貯めることができるようになり、不動産投資までするようになったのかをお話ししましょう。

第2章

「貯められない女」が資産7億円を持つまで

武器は「英語」だけ。学歴もコネもなかった私

今でこそ7億円の不動産資産を持つ女性投資家……と呼ばれる私ですが、プロローグでもお伝えしたように、もともとは何の後ろ盾もない普通のＯＬでした。好奇心旺盛でいろいろとチャレンジする一方、自尊心が低く、コンプレックスがいっぱいで、悩みも多く抱えていました。


「お楽しみのところ申し訳ありません」

「ひっ！」

私は驚きのあまり首をすくめました。

ニコニコ顔の部長がすぐ横にいて、

「何度も声をかけたんだけど……」

と言いました。

私は初めてのボーナスの明細書に見入っていて、部長の再三の呼びかけに気がつかなかったのです。そこに記載されていたのは20万円ほどの金額。その「大金」を見てしあわせそうな笑顔を浮かべていたようです。

「す、すみません！」

周りの人たちのくすくす笑いに顔を赤くしながら、あわててメモとボールペンを持って部長の用件を伺いました。

私は短大の英文科を卒業して、アメリカと日本の企業の合弁の制御機器メーカーに就職しました。従業員数が約300人の中小企業です。といっても、最初からすんなりと就職活動がうまくいったわけではありません。もともと消極的で内気な私は、面接試験が大の苦手。面接官の前できちんと話すこともできず、数々の会社から不採用通知をもらいました。半ばやけになっていた卒業間近の2月に、たまたま欠員が出たこちらの企業に拾ってもらったのです。

私が配属された海外営業部は、自社製品を海外へ売ることを主な業務としている部署でした。私の仕事は、海外営業所や海外代理店への自社製品の輸出、代金の回収、海外営業部の男性たちのサポートをすることでした。

輸出業務は難しく引き継ぎ期間が２週間もなかったため、最初は苦労の連続でしたが、もともと英語をモノにしようと考えていた私は、商業英語検定（現在は廃止）を受けたりと、ここぞとばかり勉強に励み、「貿易事務」として派遣の仕事もできるレベルになりました。

２年も勤めると一通りの輸出業務や、事務の仕事などはラクにできるようになり、他の女子社員が頼まれていないようなプラスアルファの仕事も頼まれたりしていました。次第に私は上のステップがないことに不満を感じるようになったのです。

そんな時、ふと見た広告で有名なグローバル外資系銀行が求人をしているのを知りました。無理だろうと思いながらも書類を送ると、面接にくるようにという返事がきたのです。社会人としての経験が多少身についたのか、面接もうまくいき、私は初めての転職を成功させたのでした。

人生を変えたイスラエル人男性との出会い

外資系銀行の窓口で、私は張り切って働きました。外国人のお客様も多いので、英語で話すプレッシャーもあり、仕事も覚えることが多く大変でしたが、緊張感を持って一生懸命取り組みました。高い年俸で働く華々しいディーラーなどの人たちや、専門知識を活《い》かして働いている人たちの集団の中では、窓口業務は、サラリーで考えれば「底辺」かもしれません。しかし私は、「会社の顔」として会社のイメージを背負っている、ある意味最前線にいるんだ、というように考えて働きました。

その結果、会社からサービスが優秀な人に与えられる賞と賞金をいただいたりと、やりがいも感じていたある日、私の人生を変える大きな出会いがあったのです。
そう、イスラエル人の元夫と会ったのでした。

ある雨の日の午後、珍しくお客さんがほとんどいない時に、外国人男性2人が海外送金をしにやってきました。質問をたくさんされたので、私は丁寧に答え、海外送金の情報をたくさん提供したのです。説明が終わってから、私が「国籍はどちらですか?」と聞くと、「イスラエル」との答え。すると隣の席に座っていた同僚の女性が「私、イスラエルで働いたことがある!」と話に加わってきたのです(イスラエルで働いたことがある日本人女性ってほとんどいませんよね。しかも隣の席の女性だなんて!)。

話が盛り上がり、みんなで食事に行きましょう、ということになり、すっかり意気投合した私と元夫はつきあうことになりました。当時、日本人男性は「企業戦士」などと言われ、家庭生活がままならない人が多かったのですが、私は家族の時間を大切にする欧米スタイルの家庭生活を夢見ていました。好奇心の強い私は、違う文化の人とつきあうことにも興味津々でした。また彼は大きな体をしているのに、時折、かわいらしい心遣いをします。その当時、彼は貿易関係の仕事をしていたのですが、ある時デートの約束をしたのに仕事が入ってしまい、私が彼の部屋で待っていたことがありました。仕事の途中で抜けて、走って私のところに来てくれた彼が、豆がたくさん入った大きいお煎餅《せんべい》を1枚だけ近くのお店で買ってきてくれて、「ごめんね。これでも食べて待っていてね」と言いました。なけなしのお金で（と、当時は思っていました）私を喜ばせてくれようとする、素朴な人柄がいいなと思ったりしました。

20代で子どもを2人産みたいと強く思っていた私は、1年ほどつきあって彼と結婚し退職したのです。私の勤めていた外資系の会社では、当時にしては珍しく、産休や時短勤務など子どもを育てる環境が整っており、仕事を継続することも可能でした。しかしながら、海外に住んでみたい気持ちがあったので、「少しの間、イスラエルに行こう」という夫についていくことにしたのでした。

結婚直後にイスラエルに行く予定だったのですが、いろいろなことが重なり出発が遅れ、そうこうしているうちに妊娠していることが判明。子どもが生まれ生後5か月の頃、義理の両親が来日してくれました。それまで会っていなかったので、どんな人たちが来るのだろうかと不安がありましたが、とても品が良く優しい人たちで、私を「ヨーコレ（陽子ちゃん）」と呼んでかわいがってくれて、ほっとしました。浅草や山中湖などに行ったりして、長時間一緒に過ごして話をしたので、お互いのことをずいぶん知ることができました。

夫の実家は資産家だった⁉

子どもが生後10か月になった時、私たちはトルコ経由でイスラエルに行きました。元夫の家族には、遠い外国へ行く時には「最低2週間は滞在する」というような暗黙のルールがありました。経由地のトルコで、私はそういう長めのバカンスを初めて経験したのです。

義理の両親の家はハイファァという街に近い所にあり、3階建てで芝生の庭がありました。豪邸というほどではありませんが、広々として、絵画がたくさん飾ってあるような文化的な家は、私には衝撃的でした。

思いもよらず、義理の両親は裕福だったのです！

シティバンク銀行の窓口で働いていた頃の著者。

着いた日は義母の弟の誕生日で、夜、庭に親族や友人を約100人招いてのサプライズパーティーが開かれました。照明が落とされた薄暗い庭に、私は赤ちゃんを抱いて行きました。芝生の上に、白いプラスチックのテーブルとイスがたくさん置かれていてみんな静かに着席していました。

ドアを開けて庭に入ってきた主役は、スポットライトを当てられてびっくり！　サプライズ、成功でした。それを見て、みんなが笑顔で「おめでとう」と言い、アコーディオン奏者の演奏がにぎやかに始まりました。明るくなった庭を見回すと、風船やお花できれいに飾りつけがされており、ケータリングのおいしそうなお料理も並んでいました。私は、次々とみんなから挨拶をされましたが、若い女の子たちは、私が抱いていた赤ちゃんから離れませんでした。ブロンドや栗色のキラキラ、そしてサラサラした長い髪に、大きな目、そして、長い手足の美しい彼女たちを間近に見て、私は圧倒されていました。

義理の両親の家、そしてその後、親戚の所有しているアパートに移り、イスラエルには結局約４か月滞在したのです。

義理の両親は、資産をゼロから築いた人たちでした。義理の祖父はイスラエル建国前にポーランドから移住してきたのですが、家庭は貧しかったため、義父も14歳の時から工場で一生懸命に働いたそうです。倹約をしてお金を貯め、後に自分で工場を持ち、人を雇うようになったと話してくれました。

その後、不動産を持ち、デベロッパーの仕事もするようになり、大きく成功した義父。

私が「不動産」というものに興味をいだいたのも、この義理の父の話がきっかけでした。そう、私は「お金」に対する考え方を、ユダヤ人である義父から学んだのです。元夫そして彼の父母もユダヤ人ですが、多くのユダヤ人と同様、敬虔《けいけん》なユダヤ教徒というわけでなく、生活は私たちと変わりません。2014年のイスラエル中央統計局のデータによればイスラエルではユダヤ教が75・0%、イスラム教が17・5%、キリスト教が2・0%、ドルーズが1・6%です。イスラエルではユダヤ教が大多数を占めますが、ユダヤ教徒はイスラム教徒などと共存して生活しているのです。

子どもを抱えながらの仕事復帰

約4か月のイスラエル滞在から帰国後、「少しだけでいいので稼いでほしい」との夫の言葉を機に、子育てをしながら働くということを真剣に考え出しました。理由は、夫が「家族を一生支えていかなくてはならない」という責務を担い、ストレスを感じていたようだったので、安心させたいと思ったからです。もともと結婚当初は、周りの人たちと同じように「専業主婦」になるつもりでしたが、そこに自分の考えはありませんでした。「子どもが小さいうちは母親と離れていたらかわいそう」と洗脳されていただけなのではないか、と疑い始めたのもこの頃でした。

1歳になった長男を母に預けて、ハローワークでパートの仕事を探し始めてから少したった頃、ちょうど出てきたばかりの求人があったのです。「ある特許翻訳者の事務所の翻訳チェックや雑務」という仕事でした。私は特許翻訳がなにかも知りませんでしたが、「一生できる仕事」「子育て中もできる仕事」「お金になる仕事」という、私が目指していた仕事にぴったり合うものだったので、すぐに応募して、採用されました。

私は子どもを保育園に週に5日預けて、事務所で週に4日間は10時から16時まで働くことになりました。週に1日は、勉強をしたり、翻訳者登録のための試験を受けたりしました。肉体的にはきつかったのですが、精神的にはとても楽になりました。子どもと24時間一緒にいると、イライラすることもありますし、家事や育児はエンドレス。つきあう人たちも近所のお母さんたちで世界が狭くなった気がしましたし、我慢や忍耐をする場面が多かったのです。外で働くと自分が確実に成長しているのを感じましたし、収入もあり（たいした額ではないけれども）、子どもとの時間が貴重でとても楽しくなりました。

自分にとって仕事とは、自分の世界を拡げてくれるもの、社会とつながれるもの、自分の成長に欠かせないもの、そして経済的自立を助けるものでした。

そして2人目の出産を機にフリーの翻訳者になりました。この頃、元夫との関係が悪化して私は離婚を求めていたのですが、元夫は冷却期間を置くためか、イギリスへ単身で留学をしてしまいました。子どもを2人（しかも幼児と乳児）抱えて、特許翻訳者の事務所にアルバイトに行くのは無理。かといって、2年間のパートの経験では、フリーランスとしてやっていくには実力が十分ではない。自信がなくて迷っていました。

そんな時に雇い主である特許翻訳者から手紙をいただいたのです。

「目的地までの道にある、すべての信号が青になってから、出発をしようとしても、それは不可能です。信号が青になっているところを、順番に進むことによって、目的地に到達できるのです」

この手紙に背中を押されるかたちで、私はフリーの翻訳者になりました。下の子はまだ生後1か月にもならない時でした。

夜逃げ同然の家出。シングルマザーになる

先に述べたように、この頃から、私は離婚を考えていました。私は自分のことよ

りも、彼や子どもたちを優先して生活をしていましたが、それも愛情だと思っていたのです。けれども、「自分を犠牲にしている」と思っている間はパートナーシップがうまくいくわけがありません。そこに気がつかずに、どんどん悪化させてしまったという責任は私にあると思います。

母子3人の夕食。家族の大黒柱として仕事、家事、育児と奮闘していた。

元夫からは離婚になかなか合意してもらえませんでした。私自身も子どものため、離婚は望ましくないのでは、と気持ちが揺れたりもしました。夫も留学先から夏休みなどの長い休みには、日本に帰ってきて一緒に暮らし、お互いに努力はしたのですが、関係は悪化するばかり。2人の殺伐《さつばつ》とした雰囲気の中で生活している子どもたちにも影響が出てきて、子どものためになっていないという事実が、私を本気にさせました。

そして上の子が小学校2年生で下の子が保育園に通っていたある時、元夫が数日旅行に出ている間に、私は別居を強行したのです。その期間を逃したら、別居の機会もなくなる。そんな切羽詰まった状況で、退去の手続きをし、学校に転校の連絡をし、不動産屋さんに行き新居を見つけ、引っ越し屋さんにすべてを任せるプランで引っ越しをしたのです。あいにく膨大な量の翻訳を引き受けていたため、泣きたくなるほど時間がなく、引っ越し先の賃貸のマンションの部屋も最初に見せてもらったもので即決。引っ越し業者さんには、引っ越し先のマンションに着くなり、パソコンだけ出してもらって、業者さんが荷物を運び入れる中、翻訳を続けました。子どもたちには、いつもは短い時間しか許可しないゲームをやりたいだけやらせ、テレビも好きなだけ見させたりし、その間、死にもの狂いで翻訳をしたのです。この仕事によって、これからの生活の基盤となるお金を稼ぐわけですから、どんなことをしても、締め切りまでにきちんと仕上げなくてはなりません。しかも自分1人の人生だけでなく、横でゲームをやって無邪気に笑っている子どもたちの人生もかかっている。彼らの笑顔をずっとずっと見ていたい。泣いたり悲しんでいる暇はありませんでした。

「頼れるのは自分だけ。仕事やお金は安心や安全を手に入れる手段なんだ」
ということを身にしみて思い知ったのです。

後から思えば、誰かのせいにしてばかりで、依存心の強い私に与えられた試練だったのかもしれません。誰かのせいにしたり、言い訳ばかりしても、物事はいい方向に向かいません。それからの私の人生は、一変しました。いわば、自分の人生を自分で舵《かじ》をとって航海をしているようなイメージです。自分で物事の選択をし、その結果の責任を自分でとる。責任があるかわりに、自由があります。そしてその自由というのは、言葉では表わせないほど素晴らしいものなのです。

夫に依存できる環境では、自分があまり稼げなくても大丈夫かもしれないし、守られていると思う反面、夫に非常に左右されます。左右されない人もいますが、私は性格的に、お金を出してもらっていると負い目になり、買ってほしいものも買ってほしいと言えませんし、家族で必要なものですら、なかなか言い出せなかったのです。よく考えて買ったつもりのものが夫には気に入られなかったりすると、息が詰まりそうに感じることもありました。

自分の足で立って生きていくと決心すると、さまざまなことを主体的に決めていかなくてはなりません。それは怖かったりつらかったり心細かったり……。自分の選択で自分の人生が、そして子どもたちの人生が決まるかと思うと、ひとつひとつよく考えなくてはなりません。自分の熟考のうえの選択であれば、結果が悪い場合には、自分の責任として素直に認め、反省をしたり、対策を取ったりできます。物事が自分でコントロールできるようになってきたのです。

稼ぐと稼ぐだけ生活が厳しくなる⁉

大変な経験をしましたが、そのつらい期間も仕事はありがたいことに盛況。というのも、私は駆け出しの頃から基本的に仕事の依頼を断わりませんでした。また稼げる種類の翻訳の仕事を引き受けるようにしたり、登録していた翻訳会社を高い報酬を払ってくれる会社に変更をしたりなど、「経営」の努力も怠《おこた》りませんでした。

しかし、忙しかったため、お金を使う暇もなく、経費にできるものがほとんどありません。そのうえ、知識がなくて帳簿上には経費として計上できるものも経費にしていませんでした。確定申告では売り上げのほとんどを利益として計上してしまい、税金がとても高くなり、収入に応じて決まる保育園の保育料や健康保険も一番高いものになってしまったのです。

ここでも私は「お金」に関して本当に無知だったのです。

不動産投資への原動力は「4畳半暮らし」というコンプレックス

以前働きに行っていた翻訳会社の社長である翻訳者に教えてもらい、節税のため、会社を設立することにしました。都市銀行に法人口座の申し込みに行くと、融資担当者から、思いがけず住宅ローンを勧められたのでした。住居に関しては小さな頃よりコンプレックスがあったので、「自宅が建てられるんだ!」と嬉しくなり、さっそくモデルハウスに通ったり、土地探しをしたり、間取りを考えたり、楽しい妄想をする日が続きました。

私が今不動産投資をしているのも、この「コンプレックス」があったからかもしれません。前述したように私の実家は木造の小さな借家で、私は結婚するまで、4畳半の和室を妹と一緒に使っていたのです。学生の頃には、家の近くで男子が私の帰宅を待っていたりすると、その子が好意を持っているのかどうか気にする前に、家を見られたことが恥ずかしくて、挨拶だけして、家に走って帰ったりしました。社会人になってからも、家まで送っていくとか、家に迎えにいくよ、と言われるのが嫌だったほどです。

✦「シングルマザー」「フリー」の不安を消す「不労所得」という稼ぎ方

フリーになってから2、3年。順調に稼げるようになりましたが、「次の仕事はくるのだろうか」といつも不安がありました。ハードワークをしていたので、「もし体を壊してしまったら、子どもたちのことはどうしよう」「仕事が来なくなって家賃が払えなくなったらどうしよう」と心配でした。

そこで複数の収入を得るために株式投資の勉強をすることにしたのです。株式投資はもともと父が趣味でやっていたこともあり、躊躇《ちゅうちょ》なく始めることができました。趣味でやっていた父の助言で、初めて買った株が思いもよらない利益を出してくれたという成功体験も後押ししてくれたのだと思います。

「私1人が働ける時間には限度がある。子どもたちの将来に向けて、少しでも安心できるよう『お金』のことをもっときちんと知っておかなくてはいけない」

私は知識がなかったので、「上がる株の情報で確実に儲けられる」という宣伝をしている商材を数万円を出して買ったり、単発のセミナーに行ったり、インターネットの「株式投資」のサイトで知った見知らぬ人たちから儲け情報を教えてもらったりしました。忙しい日々でしたので、翻訳の仕事をパソコンでしながら、株価ボードをちらちら見たり、常に複数のことを同時に進めている感じでした。

そんな頃、インターネットで知り合い、女性数人を相手に株の指南をしてくれていた「株の師匠」が、株式投資だけでなく、ワンルームを買って家賃を得ている、という話をしてくれました。ちょうどロバート・キヨサキの『金持ち父さん 貧乏父さん』（筑摩書房）を読んで「不労所得」は理想的だと思っていた私は興味津々。けれども、貯金は数百万円しかなかったので不動産投資はハードルが高すぎる、実際に不動産投資をするのはずっと先のことかもしれない、とも感じていました。

初めての投資物件は４４０万円のワンルーム

「いい物件が出ているよ。すぐに見に行くといい」

そんな電話が、2003年のある日、株の師匠からありました。私は翻訳の仕事をしている最中でしたが、そのまま家を飛び出し、物件を見に行きました。板橋区《いたばし》にある中古のワンルームマンションで、価格は440万円。売主さんが至急お金が必要ということで、相場よりも安く売りに出されていました。賃貸されているお部屋なので、中を見ることはできませんでしたが、ワンルームが1階に数戸ある以外は、ファミリータイプの分譲マンションなので、管理がとても行き届いている様子。立地の良さなども気に入ったので、その場で購入を決意し、申し込み書を書きました。

自分の会社の預金を引き出して現金で買ったのですが、まだ不動産のことをあまり知らなかったので、怖くて仕方がありませんでした。万が一、空室になってしまったらどうしよう。価格が崩落したらどうしよう……。夜も眠れない日々でした。

440万円は失うにはあまりに大きなお金です。恐怖にかられてしまいましたが、最悪空室になってしまっても、毎月の管理費と修繕費、約7000円を払い続けるだけだし、家賃を半額にすれば入居する人は必ずいるだろう、と思い、そのリスクは取れると考えました。デフレで、土地の価格も下がると言う人たちもいましたが、すでにかなり下がっていたので、そこからさらに大きく下がることはないだろうとも思いました。

びくびくしながらの初めての投資でしたが、約6年後に売却することができました。その間、同じ入居者さんが入り続け、毎月のお家賃と2年ごとの更新料をいただくことができ、440万円は回収できました。そして買った時よりも少しばかり高い価格で売れたのです。つまり、440万円の投資で得た資産は、2倍リターンをもたらしてくれたわけです。銀行に預金しておいても、6年で2倍になることはないでしょう。「お金に働いてもらった」という成功体験はとても嬉しく、不動産投資は敷居が高いけれども、リスクをとってもやる価値があるのだと感じました。

負債にならない「自宅」を持つ

ワンルームマンションを買った翌年、私は自宅を建てました。ずっと借家に住んでいた私は、住宅には強い思いがありました。憧《あこが》れは森の中に建つ、質の良い北欧風の家。木々に囲まれた家を建てたいと願っていたので、都心からアクセスのよい自然の多い土地を探しました。しかしながら、不動産投資の勉強をしていくうちに、土地の値段が下がらないところを探すようになっていきました。投資のことをあまり知らなかった頃は、窓から木々が見えるようなところを優先していましたが、あわよくば値段が上がるところに土地が欲しいという気持ちになっていきました。結局、買った土地は、ターミナル駅から徒歩約10分のところにありました。その駅の近くには、モノレールが開通するなどしていたため、駅周辺が大きく発展するのではないかと予想したのです。

「自宅は負債」とロバート・キヨサキは言い、知り合いの投資家たちでも賃貸用物件はたくさん持つのに自宅は持っていないという人たちも多いのですが、私はあえて自分のコンプレックスを消すために土地と家を持ちました。土地と家を持つ以上、キャピタルゲイン（資産の価値が上がることで得られる利益）も欲しいものだと思いました。約11年後に売却をしたのですが、キャピタルゲインはほぼなかったものの購入時の価格と同じ程度の価格で売れたのでよかったと思います。

不動産投資を勉強しなかったら、このような考えを持つことができなかったと思います。たとえば5000万円の借金をして土地と家を買っても、価値が下がり3000万円になってしまい、売らなくてはならない事態になったら、借金を返せないようなことも起こりうるのです。

マンションを買うにしても、貸す時に1か月の家賃が毎月のローンの支払いより多ければ、自分が転勤などで住まなくなってしまったとしても安心です。不動産投資を勉強した人たちは、「自宅を買うにしても不動産投資の知識があってよかった」といいます。あなたも自宅を買う予定があるのであれば、ぜひ不動産投資の本を読んでみてください。

行き詰まった時に思い出した「メンター」の存在

自宅を建築した後、離婚も成立しました。別居は数年していたわけですが、住宅ローンを抱える働くシングルマザーとして、背負っているものを改めて大きいと思いました。

不動産投資の面白さに魅《み》せられた私は、次の投資用物件を探して、銀行へ融資の打診をしに行ったりしていました。現金購入の次のステップに行きたかったのですが、銀行では門前払い。窓口では「あなたには2000万円も貸すことができない」と言われたり、顧問になっていただいていた税理士さんにも「母親なんだから、投資なんかしないで、もっとお子さんとの時間を作ったらどうですか」と言われたり、やる気がくじかれることもありました。しかし、体を壊したら収入が途絶えてしまうという危機感や、子どもに絶対に金銭的な迷惑をかけないとの決意から、どうしても複数の収入源を確保したい、という思いで必死でした。

忙しい日常の中で時間をどうにか作って、アパート1棟を手に入れようと努力していましたが、なかなかうまくいかずにいました。

後から思えば、その間に勉強をして知識を増やしたり、お金を貯めることができたのでよかったのですが、その当時は1年、2年と時が過ぎても物件を手に入れることができず、「やっぱりダメなのかも」と少し焦ったり弱気になったりもしました。

そんな時に思い出したのは、イスラエルの義父のこと。義父は不動産で成功していたので、話を聞きに来る人たちがたくさんいたのだと、義母から聞いていました。そこで私は「身近に義父のような人がいたらうまくいくのでは？」と思いました。そう「メンター」の存在を思い出したのです。

メンターとは先生、師、導いてくれる人という意味です。不動産投資でうまくいっている人に直接アドバイスをしてもらえば、自分も同じようにうまくできるのではないか、と考えました。

ある不動産投資DVDで講師をしている人に会う機会を探し、会いに行きました。DVDでアドバイザリーの仕事をしているという話をしていたので、私のアドバイザーになってほしいとお願いしたのです。最初は断わられた感じでしたが、熱意が伝わったのか、後日、引き受けてもらえることになりました。メンターは、会社の上司であったりすれば、メンターになってもらうのにお金を支払うことはないかと思いますが、私の場合は報酬を支払って私のために時間を割《さ》いてもらったのです。

シングルマザーに銀行は融資をしてくれない!?

アドバイザーに最初に紹介してもらった物件が2億円のものでした。正直、億の単位には、恐怖を感じてしまいました。「借金は怖い」と小さい時から何度も聞いていますし、知らないことには恐怖を感じてしまうものです。自分には無理だと思ったものの、1人で見に行きましたが、まじめに検討すらしませんでした。次に紹介してもらった物件もやはり2億円を超えるものでしたが、明らかに割安な物件でした。極端に言えば4億円の価値の物件を2億円で買えるのであれば、リスクは小さいのではないかと、落ち着いて考えることができたのです。アドバイザーと一緒に物件を見に行き、具体的に、どこをどうやって修繕するのか、家賃がいくら入るのか、融資の返済シミュレーションなどの説明をしてもらっているうちに、乗り気になっていきました。さまざまなリスクも保険などで軽減できることがわかりました。

最初は金額の大きさだけでパニックに陥ってしまったのですが、勉強をしたり、実際に見たりすることによって、知識が蓄えられ、だんだん落ち着いて検討するようになりました。

数億円単位の投資用物件を持っている人たちとつきあうようになると、「物件を持っているのが普通」のような気持ちになり、私も早く投資用物件を手に入れたいと強く願うようになりました。「人生を変えたければつきあう人を変えなさい」ということをよく聞きますが、本当だと思います。

アドバイザーの教えは、細部に亘《わた》っていました。銀行に融資の申し込みに行く時に持っていく書類ひとつでも手を抜きません。私がワードというワープロソフトで書類を作るとパワーポイントで作り替えるように言われたりしました。パワーポイントのほうが確かに、できるビジネスパーソンという感じがします。そういう細かいことにも手を抜かずに、きちんと戦略を持って融資の申し込みに行きました。富裕層のクライアントを多く持つアドバイザーに対して、銀行も一目《いちもく》置いているため、私もとても大切に扱ってもらえました。私1人で行った時には門前払いだったのに、かなり違う対応。

しかしながら、そこまでしても、融資をしてもらえないという回答を得た時には、非常に落ち込みました。「やっぱりダメかも……」と落胆してしまいました。人格などを否定されているわけではないのですが、自分をすべて否定されている気持ちになったほどです。もちろん「シングルマザーだから融資ができない」とは直接言われませんでしたが、子どもを養っているということが、私の負荷として、銀行側の目に映ったことには間違いありません。私がもう少し社会的地位を持っていれば……悔しくてたまりませんでした。

しかし、落胆する私の横でアドバイザーはそのたび、

「次の作戦を考えましょう」

と明るく言いました。しばらくの間落ち込んで、次のことを考えるのが嫌になってしまっていた私ですが、それでも一緒に頑張ってくれるアドバイザー、そう「メンター」がいてくれたので、どうにか気持ちを切り替えて次の作戦を考えることができたのです。

「連帯保証人」がいない！救ってくれたのは元夫

何度かそのようなことを繰り返した後、ついに3億1千万円の物件を購入したいという私に、「父を連帯保証人として」という条件で融資をしてくれるという銀行がありました。

「やっとこれで私も1棟の物件を持って不動産投資ができる」

と喜び、父に詳しい説明をしお願いしたところ、ＯＫを得ることができました。

しかし、次の日、母から、父がやはり連帯保証人にはなれないと言っている、という電話がありました。理由は「金額が大きすぎて心配だ」とのことでした。しかも心労のため、寝込んでしまったとのこと。諦めるしかないのか……、と私はその日、1人泣きました。

尽力してくださったアドバイザーに申し訳ないと思いながら、そのことを電話で告げるとアドバイザーはまた、

「仕方ないですよ。次の作戦を考えましょう」

と明るくおっしゃいました。この時は本当に驚きました。何かを成し遂げる人は全然諦めないのだ、ということを知りました。

今度は違う物件の融資を違う銀行に打診すると、元夫を連帯保証人としてだったら融資をしてくれるという回答を得ました。元夫と私は離婚しているものの、子どもたちの両親としてお互いに協力しているので、快く連帯保証人になってくれたのです。元夫は不動産のこともよくわかるので、説明した時にいい話だと思ってくれました。

(たくさんの修羅場を経て)離婚した元夫が連帯保証人と聞くと、驚かれる方もいました。

るかもしれません。しかし、その頃には元夫とは子どもたちの親として、協力しあっていました。日本では離婚すると、どちらかの親（たいていは母親）が子どもと一緒に暮らします。母親が子どもと一緒に暮らすとなると、父親は子どもと会いません。そして養育費も払わなくなるケースが多いと聞いています。それがシングルマザーの貧困の原因の1つかと思います。ところが欧米などでは、一般的に、離婚をしたとしても、一緒に暮らしていないほうの親のところに、子どもが週末遊びにいくなどして、親子の縁を実質的に保ちます。一緒に暮らしていない親は養育費をもちろん払います。

安直に何でも「海外のやり方がいい」と言うつもりはありませんが、この件に関しては、私は海外のやり方がいいと思っています。なぜなら、夫婦の縁は切れても、親子の縁は切れないからです。離婚をしたからといって、親子の縁を切るのは、子どもにとっては悲劇です。私も離婚をしてからも養育費をもらって子どもたちには、「離れて暮らしていてもお父さんはあなたたちのことを愛しているよ。お金も喜んで出してくれているよ」

と伝え、子どもたちを父親に会わせるようにしています。いくら離婚したからといってもそれは大人の関係の話で、子どもたちが、自分たちは両親から愛されていることを知るのが大切であり、しあわせだと思うからです。

3億円マンションのオーナーになる

やっとのことで、私は3億1千万円の物件のオーナーになることができました。数年がかりで取り組んできたことがうまくいったので、物件の鍵の束を手にして、子どもたちを連れて物件の屋上に行った時には、すがすがしい気持ちでいっぱいでした。

もちろん購入がゴールではありませんでした。私はすぐにオーナーとしての仕事に悪戦苦闘。空室が続いたり、火事が起こったり（この時は大変でした！）、水漏れがあったり、水道が全世帯で止まってしまったり……と、さまざまなトラブルが

東京都小平市に購入したRC5階建てのマンション。

ありましたが、ひとつひとつ乗り越え、オーナーとしての経験値を上げていきました。不動産投資と言ったりしますが、「アパート経営」などという言葉があるように、経営的な要素が多く、どちらかというと不動産賃貸業という方がしっくりします。

そして1棟目の購入から約2年後、2棟目の購入を考えた私は、銀行から融資を受け2棟目も無事購入。この時は1棟目の経営がうまくいっていることを評価され、難なく融資を受けることができました。2棟目は、一般に公開されている物件ではなく、声をかけてもらった数人が入札をして、私が落札したものです。金額は「3億円」。

築年数も1棟目と似ているため、はじめは迷いました。場所や、建物の構造（木造、鉄筋コンクリートなど）、金額、築年数などが違っているほうが、リスクが分散されるのですが（たとえば、場所が同じだった場合、大地震で両方とも倒壊してしまうかもしれません。場所が離れていれば、1棟が壊れても、もう1棟にダメージがなければ、もう1棟のほうから家賃が入るのでリスクは少なくなります）、その時は少なくとも10億円までは物件を買い進めるつもりでいたので、その次の物件から、規模や築年数の分散を試みようと考えたのです。

ところが2011年に東日本大震災が起き、物件をたくさん持つと心配が増えると思うようになりました。また投資の当初の目的だった子どもの教育資金ですが、その頃にはそれ以上の投資が不要だとわかっていましたので、物件を増やすのをやめました。

私は次男が大学を卒業するまで一緒に自宅に住むことができると思っていたのですが、次男は高校卒業後にアメリカに留学しました。思ったよりも早く自宅に一人で住むことになってしまったため、その家を売却し、東京都中野区の賃貸併用住宅（8000万円）を2014年に購入して、住宅宿泊事業（民泊）などで運用しています。

2018年には、現金よりは物件を持っていたいと思い（他にも理由がいくつかあります)、中古のワンルームマンションを二つ現金で購入し(約1500万円)、投資用物件の買値の総額は7億円を超えました。物件を増やしたいわけではないのですが、増えてしまっています。

第3章

金持ち母さん的「お金の効用」

人はなぜお金持ちになりたいのか

お金の知識やお金が貯まる習慣を身につけるようになって、私はお金で得られるメリットがとてもありがたいと思うようになりました。

女性ミリオネアにインタビューしたりアンケート調査をしたりしたものをまとめた、『女性ミリオネアが教えるお金と人生の法則』（トマス・J・スタンリー著、春日井晶子《かすがいあきこ》訳、日本経済新聞社）によれば、ほぼ全員の女性ミリオネアが、お金持ちになってよかったのは、「大きな満足感を得られるお金の使い方ができること」（寄付、家族や友人への経済的援助など）、そして「他人にコントロールされないこと」と言っています。

世の中、お金だけじゃない。だけど、お金があって悪いことはありません。お金は人生をよりよくするための手段の1つなのです。私が考える「お金で得られるメリット」は次のようなものです。

【お金で得られるメリット】

●選択肢が増える

私の子どもたちはいわゆる「ゆとり教育」の世代です。私は当時、韓国や中国やシンガポールなどアジアの国々などが教育に力を入れているのに、日本は「ゆとり」などとのんびりしていいのかと疑問に思い、子どもたちには私立の中高一貫校で教育を受けさせることにしました。私の教育方針が良いか悪いか、また私の思い通りにいったのかどうかは別として、公立だけでなく、お金のかかる私立の学校も選択肢に入れられたことは嬉しく思いました。

母が癌《がん》の治療をしていた時に、高額な最先端の治療法を選択することができたのも（その治療を受ける前に亡くなったのですが）、その時にはなによりありがたく感じたことです。

●理不尽なことにNOと言える

東日本大震災後、他の多くの業種同様に、私の本業である翻訳の仕事も減りました。その時、翻訳の単価（レート）の値下げ要求をしてきた取引先がありました。他の翻訳者たちに様子を聞くと、値下げ要求に応じた人たちもいました。まったく仕事がなくなるより、値下げをしたほうがマシだと思ったようです。私は、すでに家賃収入など複数の収入を得ていて、預金もあり、いずれ需要も戻ると思っていたので、値下げ要求を断わることができました。その時は値下げ要求に応じるべきだったかも、との迷いもありましたが、まもなく需要は回復し、値下げ要求に応じなくても仕事はどんどん入ってくるようになりました。

●心配や不安が減る

自分や家族の生活や、子どもの教育費や、老後のことを考えると心配になることがあるかもしれません。お金があればそのような心配をせずに済みます。

●愛情や友情を示しやすい

独身の頃につきあっていた彼が「お金がなくてお誕生日のプレゼントを買うことができない。本当にごめんね」と言ったことがありました。確かにお金に余裕がないことは知っていたので「気にしないで」と言いましたが、本当はものすごくがっかりしました。愛しているのなら、花を一輪プレゼントしてくれてもいいのに、と思いました。今の私であればそういう思いを口にすることはできますが（多分……）、当時はそういうことができず、いまだに根に持っています（笑）。

また知人が、「友人のお葬式に出たかったのだけれども、お金がなくてお香典を出すことができないから出られなかった」と言ったことがありました。「お香典を持たずに行ったらよかったのに」とつい口にしてしまったのですが、「いやいや。ご家族の手前、そんなわけにはいかない」とのこと。とても残念な話だと思いました。

●美容や服装にお金をかけられる

美容や服装にお金をかけられるのはありがたいという思いは、年齢を重ねるにしたがって強くなっています。歳を重ねると肉体は衰えるので、身なりをかまわないと、どうしてもみすぼらしく見えてしまいます。ネイルサロンに行ったり、表参道《おもてさんどう》のヘアサロンに通えたり、自分の気に入った服を買うお金があるのはとてもありがたいことです。欧米の女性に多いのですが、歳をとってもきれいな色の服を着て、メイクアップをして、いつまでも女性としておしゃれをして輝いている人たちがいますが、とても素敵ですよね。着物を着て、上品に艶《つや》っぽくメイクアップをしている高齢の日本人女性にも憧れます。そんな憧れの女性に近づくために出費できるのは、とても嬉しいことだと思っています。

●他人にコントロールされない

今時、「誰のおかげで飯が食えていると思っているんだ!」などということを言う夫はいないとは思いますが、夫婦間の力関係によっては、なかなか自分の思い通りにお金を使うことができない人もいるでしょう。自由になるお金があれば、買って欲しい服のために、夫の機嫌をとったりする必要もありません。

本業以外で毎月5万円を手に入れることができたら、何に使いますか？

毎月余分に5万円が入ると仮定しましょう。欲しかった服やバッグを買いますか？ 旅行をしますか？ 家族を憧れのレストランに連れて行って楽しい時間を過ごすのも素敵ですね。本をたくさん読んだり、気になるセミナーに参加したりと自分に投資するというのはどうでしょう。あなたが素敵なものを所有したり、楽しい経験をたくさんすると、話題は豊富になり、あなたと話をするのが楽しいと思う人が増えてきます。チャンスは人からもたらされ、人気のある人にチャンスがたくさん舞い込むわけですから、ある程度貯めることを覚えたら、使うことも積極的に考えてみるといいでしょう。上手な自己投資は良い出会いをもたらしてくれます。

このように、お金があると選択肢が増えて、楽しいと感じるでしょう。そして自分だけではなく、家族や友人を喜ばせることを考えるようになります。人を喜ばせると自分がしあわせを感じたりしますよね。

この毎月5万円という金額は私がワンルームマンションを所有していた時に、得ていたお金です。家賃から管理費と修繕費を引いた金額が毎月約5万円でした（実際には税金がかかります）。

ワンルームマンション1室への投資で、この金額が、本業の収入以外に入ってきました。私はそのような仕組みをもっと増やそうと考えました。

お金が入ってくる仕組みをたくさん持てるようになると、人生についても改めて前向きに考えるようになるものです。やり残したことをやりたい。かつて諦めた留学もできるのではないか。子どもを海外で育ててみようか。経済的な不安がネックで決心がつかなかった離婚に踏み切ろうか。いろいろな思いが湧《わ》き上がってくるはずです。

「お金を得る方法」は無数にある

「あと月に3万円、余分にお小遣いがあったらいいのに」

と、ある男性が溜息をつきました。

サラリーマンとして働き、専業主婦の妻へ給料をすべて渡し、妻から月にお小遣いとして3万円をもらっているそうです。

「サラリー以外に月に3万円稼ぐなんて、すごく簡単なのに……」

と思いましたが、実は私もOLの頃、同じことを思っていました。

もし私が今、会社にサラリーパーソンとして勤務したとしても、サラリー以外にお金を作ることができると思います。それは別に私が苦労して資格を取ったとか、特別な何かを持ったからではなく、単に、私がお金を得る方法をたくさん知ったからに過ぎません。そして、私の周りにはお金を得る方法をたくさん知っている人たちが多いので、そういう悩みを持っている人がいると逆に新鮮に感じるほどです。

ぜひ、「儲け話」などお金のことを気軽に話せる仲間を持ってください。たくさんのヒントを得ることができますし、お金を持つと夢が広がり、前向きな考えになれ、楽しい時間を共有することができます。「お金儲け」と聞くと何やら怪訝《けげん》な顔をしてしまう人も多いかもしれません。しかし**人を騙《だま》したり不幸にしたりする方法でなければ、お金をもらえることは、世の中のためになっている**ことが多いのです。

そしてお金を得る方法は簡単なものもたくさんあります。あとの章で詳しく説明します。

世界一お金儲けが上手なユダヤ人に学ぶ

第2章でもお話ししたように、私はお金に関する考え方をユダヤ人である義父に教えてもらいました。

ユダヤ人は約2000年前にパレスチナの地から離散して、ヨーロッパを中心に世界中に移住しました。各地で差別や迫害に遭《あ》いながらも、厳しい環境の中、生き抜いてきたのです。ホロコースト（ナチス・ドイツが行なったユダヤ人の大量虐殺）の時には、国際社会から救いの手がなかなか伸びず、600万人以上が犠牲となりました。その時の教訓は忘れられておらず、今でもイスラエルの首相が「ホロコーストの大きな教訓を忘れるべきではない」「自分たちの運命は人の手に委《ゆだ》ねるべきではない」と主張しています。ユダヤ人ほど「生き延びること」を念頭に置きながら生きてきた人々はいないのではないかと思うほどです。

ユダヤ人は職業や住む場所などを制限されることも多く、頭を使わずに生きていくことができなかったため、非常によく考えます。イスラエルというユダヤ人が多く住む国家を持った今も、周りの国は非友好的という厳しい環境です。創意工夫をして稼ぐ方法を必死に考えないと生きていけません。新しい枠組みを作ったりするなど、新しいことを創ることにも長《た》けるようになりました。

またある日突然住んでいる場所を追放されるようなこともあったため、「誰にも奪うことのできない財産」（主に頭脳）に重きを置くようになりました。ユダヤ人の母親たちは教育に熱心で、子どもたちが弁護士や医者（現在は、ハイテク関連の仕事も。どの国に行っても稼げる職業）になることを望みます。ユダヤ人は小さい時から疑問を持つことや、議論をすることや、自分の頭で考えることを奨励されます。学校でも、先生の言うことも鵜呑《うの》みにせず、よく考えて、質問をしたり、意見を言うという教育がされているのです。

勤勉さを重視する一方、個人の才能や個性が尊重されています。学業だけでなく、芸術でも頭角を現わす人が多いのです。

またユダヤ教ではお金が汚いという考えがありません。お金稼ぎに悪いイメージがなく、成功してお金を得た人を素直に賞賛し、どうやって成功したのか聞きます。元夫の父親は不動産事業で成功したのですが、それを知った人々が、話を聞きにきたり、アドバイスを求めてきたそうです。**ユダヤ教では「しあわせ」と「お金」の両方があって成功者**です。

日本では「清貧」であることがいいと思う人が少なくありません。ユダヤの教えで「人を傷つけるものが3つある。悩み、いさかい、空の財布。そのうち空の財布がもっとも人間を傷つける」というものがありますが、お金がないことでほめられることがありません。多くの場合、貧困は人からさまざまなものを奪っていきます。

お金持ちになるための必要条件は「投資思考」「誠実さ」「素直さ」

もちろん日本人でもお金を貯めたり増やしたりするのが上手な人たちはいます。彼らはたとえ1円でも浪費をしません。浪費とはいわゆる無駄遣いです。お金を生まないことにお金を使うことで、お金を捨てるようなもの。しあわせなお金持ちは浪費はせずに、お金を生むことに惜しげもなくお金を使い（投資し）ます。後でご紹介する、経済的自立を達成した女性たちもみんな、1円でも節約するなどお金を大切にしますが、お金を生むもの（書籍、セミナーなど）には投資をしています。そしてお金持ちには、素敵なプレゼントをする達人が多い。人間関係をとても大切にしている証拠だと思うのですが、チャンスは人が運んでくるので、さらに成功し豊かになっていくのです。

今の私は言霊《ことだま》を信じ、「お金がない」「お金には縁がない」「お金に困る」などの言葉は絶対に使わないようにしています。そして、きれいな金貨を手のひらに載せ、「お金がどんどん入ってきて溢れ落ちる」というイメージを浮かべています。この金貨は義理の祖母（元夫の祖母）の形見としていただいたものです。祖国から移住してきた祖母はお金が貯まると金貨に換え、家族の財産を守っていました。ユダヤ人にとって、いつ何が起こるかわからない時代でしたので、国外に追放されても持ち運びができ、他の国の通貨に換金できる金貨にしたほうが安心だったのでしょう。その金貨を手のひらに載せると、「自分の家族を守ろう」とした祖母の深い愛情が伝わってきて、私にパワーをくれるのです。

お金を稼いでいる人に批判的だったり、妬《ねた》んだり、ネガティブな感情を抱く人がいます。しかし、素直に祝福をし、どうしてお金を得ることができたのか聞いたほうが、自分にもお金が入ってきやすくなります。

私の株の師匠が「また数十万、儲かった」「また数百万儲かった」という話をするたびに、「なんで彼ばっかり」「なんで自分ではないの?」と妬ましい気持ちになったことがあります。けれども「おめでとうございます」と言って祝福し話を聞くと、私の何倍も、儲けるための行動をしていたことがわかりましたし、妬んでいる暇があれば、自分も行動しようと思うことができました。

たまに、「あなたのように稼ぎたいから教えて」と言う人がいますが、方法を教えても、いくつも言い訳をして行動しない人もいます。実際のところお金があってお金を得る必要のない人は、稼がなくてもいいわけで、その状態をありがたいと思い、自分がしあわせであることを噛《か》みしめたらいいと思います。

他人がお金を稼いだり成功したりしているのを「うらやましい」などと思い、気持ちがざわつく時には、どうして自分の気持ちがざわつくのかよく考えてみるといいと思います。同じようになりたいのであれば、素直に認め、同じような行動をするのがいいでしょう。気持ちがざわつく時は、自分もその可能性があるのに、なにかの理由でできていない場合が多いのです。ハリウッドセレブの生活を見て、ざわついたりしないのは、生活レベルが違いすぎる、自分とは関係がないと感じているからではないでしょうか。**自分と同じ生活レベルか少し上のレベルの人を見てうらやましく思うのは、自分に可能性があるからです。**

第4章

「しあわせな経済的自立」のための「7つのヒント」

どうしたら女性は「経済的自立」を手に入れられるのか？

社会で考えられている女性のライフステージに、結婚、出産、子育てなどはあっても、「経済的自立」を実現させるためのさまざまな指標がないのはなぜでしょう。男女関係なく、よりよい人生には経済的基盤がなくてはいけません。「結婚したから」「親と一緒にいるから」という理由はもう安心材料にはならない、と誰しもが気づいているのではないでしょうか。

とはいえ、昔は私も無計画な「貯められない」人生を歩んできた1人です。貯金も、将来の展望もなかった私が子ども2人を育てていくには、まず毎日の生活を一から変える必要がありました。「何となく」生きていくだけでは、「自立」は手に入りません。経済的自立を達成する7つのヒントをご紹介します。

「しあわせな経済的自立」のためのヒント①

自分でお金を稼ぐ

働くことができる人は職業を持ちましょう。**自分が生きていけるだけのお金を稼ぐことは、自分の人生に責任を持つこと**だと思うのです。「当たり前のことじゃないか」と思うかもしれませんが、今、仕事がない人は、頑張って仕事を得てください。会社で働くのであれば、できれば正社員の仕事を得ましょう。正社員が無理（非正規雇用）であれば、将来正社員になれるとか、フリーランスで働ける見込みがあるような仕事が、いいと思います。望ましいのは、自分の才能を活かせ、好きなことに関連している仕事です。最初から無理だと思わずに強く願って、ぜひ頑張ってください。

私が出産後に仕事を探した時には、いずれ文芸の本の翻訳をしたいと思っていました。ですので、できれば翻訳の仕事、それが無理であれば英語を使える仕事が見つかりますように……と願いながら仕事を探していました。その時には迷いがあって、金融機関で働いた経験や妊娠中に勉強したＦＰ（ファイナンシャルプランナー）の知識を活《い》かせる仕事もいいかも、と思っていました。自分の願いが強ければ強いほど、何か不思議な力が働いて願いが叶ったり、願いに近いことになったりするような気がします。

現在、正社員として働いている人は、仕事があることをありがたいと思って一生懸命働いてください。安易に独立を目指したりせずに、会社員としての特典をフルに活用して成長してほしいと思います。独立してもやっていけるぐらい、スキルを磨《みが》いておきましょう。どこに行っても使えるポータブルスキル（汎用的スキル）を身につけると安心です。

また会社で働くことだけが稼ぐ手段ではありません。働き口がなければ自分でつくればいいのです。「起業」についてですが、女性はもっと積極的に考えてもいいと思っています。２００８年に、トレンダーズ株式会社を創業した経沢《つねざわ》香保子《かほこ》氏の女性起業塾のセミナーに行ったことがありますが、理想の人生を考えた時、「仕事がおもいっきりでき、結婚して子どもも産み、経済的にも精神的にも自由でいたい」と考え、それを実現できたのが起業だったそうです。「小さく産んで大きく育てる」とおっしゃっていましたが、東証マザーズに上場するほど大きく育つとはその時には思いませんでした。

当時、経沢さんが「起業するのはあなたが思うより簡単」そして「起業するのは、とてもタノシイ」と小冊子に書いていたのがとても印象的でした。

「しあわせな経済的自立」のためのヒント②

3年間という期限をつけ、好きなことを仕事にする

人間、好きなことが仕事になれば、しあわせです。何時間働いても苦になりませんし、熱心に働くことになります。「働いている」という感じではなく、好きなことをしている、楽しいことをしている、という感じです。

しかし、好きなことを仕事にできている人が少ないのも事実。女性でよく見る例では、子どもが小学校に上がってから、子どもが学校に行っている間だけパートタイムで働いたりすることです。「夫の稼ぎがよくないから、生活費の足しに仕方なくパートに出る」という気持ちで仕事をするのであれば、楽しくないですよね。離婚や死別などで、自分1人で自分と子どもの生活を支えなくてはならなくなってしまった場合、アルバイトの掛け持ちをする必要に迫られるかもしれません。

何かの専門家と認められるには、おおよそ1万時間（毎日3時間を10年間）を費やす必要があると言われています。あなたがすでに好きでしていることは、かなり積み上がっているかもしれません。その場合は、系統だてたり、言葉に表わすなど形にすれば、すぐに専門家として認められるかもしれません。あなたが好きなことを極めれば、それが仕事となり、収入をもたらしてくれることでしょう。

何をするにしても、小さく始めるのがいいでしょう。「おうちサロン」でネイルやエステをしている人もいます。今では有名な方たちも、「おうち」で始めたり、ブログで情報を発信することからやっていたりします。

たとえばお料理が好きな人は、栗原《くりはら》はるみさんやみきママさん（https://ameblo.jp/mamagohann/）のような料理家に。

おもてなしが好きな人は、山本侑貴子《やまもとゆきこ》さん（https://ameblo.jp/diningandstyle/）のような食空間プロデューサーに。

お片付けが好きな人は、近藤麻理恵《こんどうまりえ》さんのような片づけコンサルタントに。

節約が好きな人は、丸山晴美《まるやまはるみ》さんのような節約アドバイザーになるのもいいですね。

佐藤恵美《さとうえみ》さんは、フードコーディネーターの仕事をされています。20代の頃は、アパレル関係のお仕事をされていて、高収入の男性と結婚したいという希望も少しばかりありました。20代半ばの時に、「料理ができなさそう」と友達に言われたり、コンパで「お料理できる？」と何度か聞かれたことをきっかけにお料理教室に通い始めました。その頃、体の具合が悪くなってしまった父親のために、母親の助けとして食事を見直しお料理を作ったところ、父親がとても喜んでくれ、また体の調子も改善しました。恵美さんは、そのことが嬉しかったし、何かを作ることで満たされる感じがしたと言います。

OLをしながらお料理教室に通い、料理家のアシスタントをしていたのですが、31歳の時にABCクッキングスタジオの社員になり、お料理を教えることになりました。

「お料理教室の先生に憧れていたので、ABCクッキングスタジオで求人があるのをずっと知っていました。多くのお料理教室では要求される調理師免許などがなくても応募可能だったのですが、自信がなくて、なかなか挑戦できなかったのです。3年間で結果を出そうと決めていたので、タイムリミットの来る前に挑戦したところ、採用されました。講師の仕事を経験した後、フリーとなり、今はお料理教室を主宰し、企業向けにレシピの開発をし、ケータリングの仕事をしたりしています」

料理でやっていけるかもと思えるようになった時に、佐藤さんは男性に頼って生きていくというよりは自分で人生を切り開きたい、ずっと仕事をしたいと思うようになったそうです。

目下の夢はレシピ本の出版。そして将来は、世界中を旅行して、おいしいものを食べ歩き、学んだものを料理教室やパーティーでシェアをしたいそうです。そんな夢やたくさんの計画や目標に向かって、日々楽しく頑張っています。

何かを始めたいと思った時に、いきなり会社を辞めてしまわずに、恵美さんのように、会社勤めを継続しながら試すというのがいいと思います。

また3年などと期限を決めて挑戦するのもいい考えではないでしょうか。期間を決めて、配偶者や家族に資金を出してもらい（投資してもらい）、結果をきちんと出せた人たちを何人か知っています。お金を出すほうは、際限なくお金を出すのかと思うと不安ですが、期間が決まっていて、本人も頑張っていれば、応援しやすいのです。

私自身は、もっと早くから自分の好きなことをすればよかったと思います。いずれ作家になりたい、とぼんやり願っていたのですが、人生経験を積んだ、子育ての後にそういうことができるのだろうと思っていたのです。けれども、書きたいと願っていた時から無理だと決めつけずに書いていればよかった、というのが、今の正直な気持ちです。

「自分には何もない」と後悔する、子どもの手が離れた女性や、年齢をある程度重ねた女性はとても多いのです。実際のところ、彼女たちに「何もない」ということはありません。深く掘り下げてみると「何か」はあります。けれども、その作業のやり方を知らない人がほとんどですし、形にするのにも時間がかかります。若いあなたは、若いうちから「何か」を形にしようと意識してみるというのはどうでしょうか。ある程度年齢を重ねたあなたも、諦めずに、自分のしてきたことを棚卸《たなおろ》しして形にしてみましょう。

「しあわせな経済的自立」のためのヒント③

現金がなくても困らない 稼ぐ（お金を増やす）力を磨く

日本は今後、ハイパーインフレーション（超高率の物価上昇。定義はさまざまですが、1年間で物価が2倍になるのもハイパーインフレーションです）が起こる可能性がないとは言えず、ハイパーインフレーションになってしまった時に頼りになるのは、稼ぐ力です。

ハイパーインフレーションとは、急激にインフレーション（通貨の価値が下落すること。その結果、物価が上昇する。以下インフレと書きます）が進むことです。通常であれば、年間のインフレ率は1～3％程度です。日本では長らくデフレーション（インフレの逆）が起こっていましたが、日本銀行は2013年、消費者物価指数の前年比上昇率（インフレ率）2％を物価安定の目標とするインフレ目標政策を導入しました。けれども、インフレ率の操作がうまくいかなければ、インフレ率が制御不能になるなどして、100％とか1000％とか、とても高い数字になってしまうことがあるのです。

経済危機を繰り返しているアルゼンチンでは1989年のインフレ率は3079・46％でした。つまり銀行の普通預金のお金や現金は紙くず同然となってしまったのです。2001年末にアルゼンチンはデフォルト（債務不履行、対外債務の支払い停止。借金を返さないこと）を宣言することになりました。私はその頃、2人の幼い子たちを育てるのと、翻訳の仕事で大忙しで徹夜などもよくするほどで、テレビも見なければ新聞もろくに読めずにいました。つまり、何が世界で起こっているのか全然わからないのに、証券会社の担当者から勧められて、2001年にウルグアイ東方共和国円貨債券（2001）を200万円も購入したのでした。これはウルグアイの国債で、国家の信用を裏付けに投資家から資金を集め、その証文として発行するものです。どんなリスクがあるのかと聞いた私に、担当者はいくつかのリスクを述べ、「それからカントリーリスクがあります。でも、国債ですよ。国がつぶれるわけないでしょ？」と言い、私も「そうですよね、あはは」と笑いましたが、その自分の軽薄な行為に嫌気がさすことになりました。

2006年が満期だったのに、アルゼンチンのデフォルトの影響を受けてウルグアイも財政危機に陥り、債券は償還《しょうかん》（投資資金が戻ること）されなかったのです。私は200万円が返ってこないのかと思い、投資の怖さを知りました。

利率（債券には金利がつきます）を当初の2・2％から2・5％に変更して2007年から残りの40％が少しずつ償還されるという計画が示され、2011年にやっと残り60%が最終償還となりました。結果としては、2・5%の利回りでお金を増やせたのでよかったのかもしれませんが、国家が破綻するということをリアルに感じ、投資したお金が償還されないかも、とずっと心配しなくてはなりませんでした。

現金が紙くず同様になってしまった時に多くの人が物を買えずに苦しんだのですが、株や物を所有していた人たちは購買力を維持できたそうです（ですので株式や不動産に投資することも大切だと思うのですが、それは後で述べます）。

現金がない状態で頼りになる「稼ぐ力」を、日々磨いておきましょう。

「しあわせな経済的自立」のためのヒント④

複数の収入源を持つ

会社が倒産したり、リストラに遭ったり、何があるかわからない今日。私はそれぞれの人が複数の収入源を持つべきだと思います。

たとえば私の場合、

・翻訳料
・本の印税
・コラムなどの原稿料
・講演料
・所有物件からの家賃や駐車場料金
・預金（円、外貨）の利子
・株の配当や株主優待
・所有物件に設置した自動販売機からの売り上げ
・携帯電話のアンテナ設置料
・民泊の宿泊料
・オンラインサロンの会費
・ブログでのアフィリエイト（本の紹介）

など12の収入源を持っています。

「1人でこんなに多くの収入源があるのか？」と思うかもしれません。しかし、私はまだまだ少ないほうだと思います。お金が回る仕組みをきちんと理解している人のところにはお金が集まります。それは**「頭が良い悪い」ということではなく、「知っているか知らないか」だけの違い**なのです。実際、お金が入るシステムを知っている人は、労力をかけず稼ぐことができる方法を実践して資産を増やしています。大切なのは、自分も複数の収入源を持つのだと決めて、いろいろと動いてみることです。

私はマネー誌に載っているような、副業だったり、ちょっとした稼ぎを産むようなことを参考にしたりしました。一番効率的だと思ったのは、稼いでいる人たちと知り合って情報を得ることです。そういう人たちは、お金になることを見つけるのが上手です。ただし、世の中には「簡単に儲かる仕事」などを勧める人たちもいて、あやしい話も多いので、見極めには十分気をつけてください。

「しあわせな経済的自立」のためのヒント⑤

あえて敷居の高い仕事にチャレンジする(ストック型の仕事をする)

私がやっている翻訳という仕事は一見、専門職だから安定しているのかと思われがちですが、単価の安い翻訳の場合、生活ができないという状況にも陥ります。翻訳に限らず単価の安い仕事というのは、敷居が低く、多くの人たちができ、またコンピュータに(一部)取って代わられるような仕事です。需要と供給の関係で(つまり、仕事に対してやりたい人がたくさんいるので)単価が安くなっています。コンピュータのソフトウエア・ローカライズ翻訳(マニュアルなど各国語に対応させること)は、機械翻訳などで対応できたり、外国の翻訳者でも可能なため、値が崩れています。ですので、対策としては、多くの人が「自分にはできそうもない」「難しそう」と思うような敷居の高い仕事にチャレンジをすることです。

私のしている特許翻訳を詳しく説明すると、企業の発明の特許を取るための明細書の、日本語から英語への翻訳です。電気分野の特許の翻訳をしていますが、電気・電子分野の知識や特許法の知識、そしてもちろん英語の力（英語から日本語の翻訳であればできるのではないかと思う人はいますが、日本語から英語は無理と感じるようです）が要求されます。そう聞くとおそらく多くの人がチャレンジする気にもなれなくなるのではないでしょうか。そのような「参入障壁」の高い仕事を得るのは簡単ではないのですが、得てしまえば、それほど価格競争をしなくてもいいので、長い目で見ると挑戦する価値があると私は思います。

そして仕事をすればするほど、知識などが積み重なっていくので翻訳の質が上がり競争力が増します。また知識が増えるにつれ調べるものが減るので、翻訳にかかる時間が減り、効率が上がります。このような仕事を私は**ストック（蓄積）型の仕事**と呼んでいて、望ましいタイプの仕事と考えています。ここで私が言う蓄積型の仕事とは、仕事をすればするほど経験が積み上がり、経験に基づくパフォーマンスが上がっていく、つまり、報酬のアップも期待できるような、弁護士、カウンセラー、シェフなどのさまざまな仕事のことです。

同じような理由で、翻訳で言えば、医療分野（バイオ、治験）や法律や金融の翻訳などはお勧めです。あなたの考えている分野でも、あまり多くの人ができなくて、コンピュータに取って代わられない、敷居の高い仕事があるかと思います。ぜひ挑戦してみてください。

「しあわせな経済的自立」のためのヒント⑥

貯めるためではなく、「稼ぐための節約」をする

私は独身の頃、浪費家でした。倹約家のユダヤ人の夫と結婚してからは、「どうしても必要か。必要であれば、借りたり、他のもので間に合わせるのはどうか。どうしても買いたいのであれば、安く買う方法はないか」

とよく考える習慣がつきました。

健気な新妻だった私は、妻子を養《やしな》うことにプレッシャーを感じていた夫を喜ばせることに夢中になり、倹約するだけでなく、楽しみながらおトク情報を得たりする

ようになりました。倹約をしても、特につらいことはなかったのですが、リンゴを1つもらっただけでも飛び上がるほど嬉しく感じることもありました。今も、もちろん、何かをいただくと嬉しいですが、その時の喜びはなかなか感じることができません。

新婚の頃の話をすると、生活費として渡されたお金の中でやりくりするために、主婦向けの雑誌を読んで、1か月の食費を2万円以内に抑えようと、安い食材を買うのに走りまわったり、安く購入した食材を冷凍して使いまわしたり、という工夫をしました。節約は、特にある程度の金額を貯めるまでは一生懸命するのがいいのですが、闇雲《やみくも》にしないように気をつけましょう。たとえば交際費を削《けず》りすぎて人間関係に悪影響が出るのはよくありません。

私の経験では、最初のまとまったお金を作るまでが一番大変でした。ゼロから100万円を貯めるほうが、100万円から1000万円を貯めるより難しかったのです。けれども、最初は難しくても、一度節約のクセをつけてしまうと、あとは意外とラクです。節約は工夫次第で楽しくできます。たとえば、食費などの節約も

「あー、外食できない」とネガティブに考えるよりは、費用をかけずにおいしいものを作ることに熱中してみたり、レストランのモニターや覆面調査の仕事を探してみたりしました。私が結婚当初にしていた節約や倹約は、2年ほど、エアコンやテレビなども持たない期間があったりして、今思うと少しやりすぎです。エアコンがなかったので、真夏には大変でした。

まずは、**働かなくても貯金で6か月暮らせるぐらいのお金を貯めましょう。**収入を増やすようにし、支出を抑えるようにします。支出を抑えるには、家賃、保険料、通信費などの固定費を見直してみるのが効果的です。

お金が残ったら貯金をするのではなく、お給料が入ったら、先に貯めるお金を積立預金などに入れて、手をつけないようにしましょう。

貯金をするための雑誌や書籍がたくさん出ているのでいろいろと読んでみてください。家計簿をつけなくてはならない、と思うと気が重い人もいるかもしれません。家計簿またはりきって家計簿をつけても三日坊主になってしまうかもしれません。家計簿をつけるのが目的ではないので、ご自分ができる方法で継続してください。たとえば、家計簿をつけるのが苦手であれば、支払いをクレジットカードでし、カードの明細書を家計簿代わりに使うという方法もあります。年収や年齢などによって適している本は異なるのですが、『年収200万円からの貯金生活宣言』（横山光昭著・ディスカヴァー・トゥエンティワン）という本は消費と浪費と投資という考え方も示してあり、多くの人の役に立つ本と言えるでしょう。自分に合った方法であまりストレスを感じることなしに取り組んでみてください。

「しあわせな経済的自立」のためのヒント⑦

お金に増えてもらう

日本人はまじめなのか洗脳されているのか、コツコツまじめに働いて「まっとうに」お金を得るのがいいと考える人が多いです。もちろん、間違いではないのですが、世の中には、労働せずにお金を得る方法もたくさんあるのです。特に女性は「投資」を敬遠する人が多いのですが、**投資はギャンブルではありません。**リスクを減らして投資する方法もあるのです。

貯金よりインフレに強い株式投資

株式投資はいろいろな意味で勉強になりますし、小さな金額から始めることができるので、余裕資金でチャレンジしてみましょう。株の短期売買は私も真剣に挑戦したことがありますが、やはりプロと同じ土俵で戦うのは難しいと感じました。けれども株でお金を得るチャンスはいろいろとあるということがわかりました。IPO（新規公開株）投資や配当と株主優待狙いでの株の保有などは、「株は恐い」という女性にも取り組みやすいことかと思います。先に述べたインフレになると、物価が上昇して、現金の価値が実質的に減ります。しかしながら、株や不動産は物価上昇とともに、価格が上がると言われています。私は「株が恐い」というよりは「現金が実質的に減るほうが恐い」と考えますが、あなたはいかがでしょうか。

まずは、証券会社や東京証券取引所のホームページを見たり、『株式投資の学校【入門編】』（ファイナンシャルアカデミー編著、ダイヤモンド社）という本などを読んでみてください。会社の情報に関しては、東洋経済新報社の『会社四季報』を見てください。日本一の個人投資家と呼ばれていた故・竹田和平《たけだわへい》氏は『会社四季報』だけを参考として読んでいたそうです（竹田氏は100社以上［2011年、会社四季報による］の上場企業の大株主でした）。

山あり谷あり　私の株ヒストリー

私は社会人になってボーナスなどまとまったお金をもらった時に、父に株を勧められて買ったのですが、父のアドバイスが良かったのか、ビギナーズラックだったのか、あっという間に3倍にお金が増えました（当時は浪費家だったので、あっという間に増えたそのお金は、あっという間に使ってしまいました）。その後、証券会社の店頭にお昼休みに行って、いろいろと教えてもらい、自分でも株を買ったりしました。

結婚してからは、夫と一緒に海外の金融商品のことを学んだりしました。翻訳の作業中もパソコンの株価ボードを置いて、株価を見たりしていたことは前述しましたが、その他にも証券会社に足を運んで質問をしたり、マネー誌や株の本を熱心に読むようになりました。推奨株の情報をお金を払って得たり、セミナーなどにも足を運ぶようになったのですが、なかなか確実に儲けられるようにはなりませんでした。世界的に有名な投資家の高額セミナーに参加した時に、推奨された株は、あっという間に株価が下がりました。株価を一定売買ルールに従って予測するコンピュータ・プログラムを使うシステムトレードのセミナーに参加したりしましたが、しばらくは講師のプログラムで儲かったものの、状況によってプログラムを変えたりしないと儲からなくなってしまうことがわかりました。

その頃までには、かなりの時間とお金を投資していたので、絶対に儲けたいという意地みたいなものもあったのかもしれません。今度こそ真剣にやろうと決心し、月に100万円の利益を自分に課したことがあります。IPOバブルの時期でもあったので、6か月は達成でき有頂天になったものの、その後、大きく利益を失ってしまい、投資した時間が惜しくなりました。

その後会った「株の師匠」に、いろいろと教えてもらい、やっと損をしにくい投資法を学んだのですが、私の株式投資も決して平坦な道ではなかったことをご理解いただけたと思います。

お金の「勉強」などと身構えずに、一度「儲かる」という経験をするといいでしょう。たとえば、人気のある新規公開株を買うと、かなりの確率で公募価格より初値が高くなるので儲かるということを教えたところ、素直に行動してくださった方々が50万円とか100万円とか一度に大きく儲かったことがありました。彼女たちは、「今まで、お金を得るには、労働しかないと思っていた。こんなに簡単にお金が手に入るというようなことは思いもしなかった」

と認識が変わったことを言います。**「儲かる」という成功体験をすると、学びも楽しくなります。**一度そのような経験をすると、他にもお金を手に入れる方法がたくさん見えてきます。そんな方法を新たに思いつく人たちとの情報交換を通して、さらに儲かる情報が入ってきます。「お金」を本気で知ろうとすれば、情報はどんどん入ってくるのです。

新規公開株（IPO：Initial Public Offering）：未上場企業が証券取引所に新規上場する場合、新株発行による「公募増資」、発行済株式を売出す「売出し」のいずれか、もしくは双方を実施します。IPO株を購入するには証券会社の窓口で配分してもらうか、抽選に参加する必要があります。抽選で当たらないと購入ができないため、人気のある株はなかなか買うことができません。とはいえ、何回か抽選に参加していると当たることが多いです。

知らないと損！　株主優待で生活費を浮かす方法

株主優待で暮らす元プロ棋士の桐谷広人《きりたにひろと》さんは、株主優待のある銘柄を中心に株を所有しています。今は金利が低いので、預金をしてもお金はなかなか増えませんが、たとえば、配当と優待で利回り10％という株を所有すれば、お金が増えていきます。「優待のある株を3000万円ぐらい持っていれば、家賃を別にすれば普段の生活は充分できるくらい、優待品を受け取ることができるのでないかと思います」と、『桐谷さんが教えるはじめての株主優待』（総合法令出版）に書かれています。預金を3000万円持っていてもその利息で生活することはできません。もちろん株には値下がりのリスクや上場廃止のリスクなどがありますが、株主優待品で人気の高い株は、値段が少し下がったら買いたいと思う人が多いので、値段が下がりにくいという面もあります。株主優待と配当が出る株をチェックしてみてください。

桐谷さんで有名になる前から、株主優待は「株の売買はいやだわ」という主婦にも人気がありました。彼女たちは食品や食事券が株主優待で送られてくる株を長期に亘《わた》って保有しています。私もいくつか株主優待のある株を持っています。10食分の食事という優待が出る株であれば、10食分の食費が浮くので、その分を預金や投資に回すことができます。少しずつそういうものを増やすことによって、1年のうちに1週間、1か月、半年……と、働かなくても優待や配当で食べていくことができる日を増やしていくようにしています。

初心者にお勧めのIPO投資

2000年頃、ITバブルがありましたが、その時のIPO（新規公開株）は上場とともに価格が大きく上がるものが多くありました。1999年10月に上場した株式会社エムティーアイは公募価格が330万円に対し、上場した時についた初めての価格（初値）が3000万円（騰落率909％）でした。

その後、ITバブルははじけたのですが、しばらくしてIPOの初値が軒並み高騰するようになりました。IPOを配分してもらい、初値で売れば、ほぼリスクなしに利益を得ることができたのです。しかも、1株で数十万という大きな利益を得ることができたりもしました。

この頃、IPO投資で儲けた人はたくさんいます。実は私もそれなりに儲けることができました。しかしIPOの初値予想の情報はインターネットで簡単に手に入れることができ、人気のあるＩＰＯは多くの人が欲しがるため、なかなか配分してもらうことができません。ネット証券では公平な抽選でＩＰＯを配分していますが、人気のあるＩＰＯが当たる確率は低いのです。証券会社の店頭でＩＰＯを配分してもらうには、手数料の安い、担当者を通さないインターネットでの取引ではなく、手数料が高い、店舗で担当者を通しての取引が必要になってきます。なぜなら取引状況や預けている資産によって配分が変わってくるからです。預けている資産は多くなかったので、取引を活発にすることによりＩＰＯの配分をしてもらおうと、担当者から勧められた株や投資信託の売買を頻繁にしました。

いいことばかりに聞こえるＩＰＯ投資ですが、２００６年のライブドア・ショックをきっかけに人気に陰りをみせ、その後、リーマンショックなどもあり、株式市場は冷え込みました。

しかし２０１２年の12月頃からまたＩＰＯの人気が高まり、現在（２０１８年）も上場時の価格が公募価格を上回る株は少なくありません。まずは、状況（公募価格、申し込み倍率、初値予想サイトの予想価格、実際の初値）を観察してください。次のチャンスをつかむことができるかもしれません。

庶民でもできる不動産投資（不動産賃貸業）

不動産投資は敷居が高いと考える人が多いと思いますが、不動産投資家には、いわゆる「お金持ち」ではない人たちも少なくないのです。

たとえば中古の一戸建てを200万〜300万で買い、リフォームをして、家賃4万〜5万円で貸すということをしている人たちがいます。千葉県や埼玉県でもこのような中古の一戸建ては探せばあります。

また自宅を購入した後で不動産投資の勉強をした人たちは「不動産投資の考え方を知っていたら、自宅の購入の仕方が違っていたはず」と口をそろえて言います。ですので、私はあなたに、不動産投資を全然関係ないものと思わないでほしいのです。

ただし、不動産の購入で失敗をする人たちがいるのも事実です。業者の利益目的のセミナーに出席して、いい投資話だと思ってワンルーム（シェアハウスもありましたね）などを割高に買ってしまい後悔する人たちもたくさん知っています。不動産投資をするのであれば、書籍をたくさん読んだり、中立の立場で教えてくれる

「ファイナンシャルアカデミー」などに通ったりして、**必ず学んでください。勉強をしないのであれば、不動産投資はしないほうがいいです。**失敗すると金額が大きいのでダメージが大きいからです。不動産売買に関わる人たちが全員、自分を騙そうとしているかも、と用心するぐらいでちょうどいいのです。「カモが誰かわからなかったら自分がカモだと思え」と教わったこともあります。

一通りわかったら、ご自分にあった投資方法を決めてください。

・ワンルームなどの区分（マンション1棟の中の一室）への投資

中古の居住用ワンルームを買って人に貸して家賃を得る。普通の会社員（ここでは、資産家でなく一般的な給与をもらって生活している人のことを言います）が現金でも買える価格のものもあるため、借金が嫌いな人でも取り組みやすい。ただしワンルームは供給過剰で、3点セットと言われるトイレ・バス・洗面台がついたユニットバスの部屋は入居者から敬遠されがちなので、立地や部屋を見極める必要がある。私は自分の持っていたワンルーム・マンションはあまり将来性がないかもしれないと考えて売却しました。

・アパートやマンション1棟への投資
アパートやマンション1棟を買って、各部屋を人に貸して家賃を得る。通常、数千万円から億単位の物件への投資なので、普通の会社員は銀行からお金を借りて物件を購入する。家賃の中からローンの返済や税金や諸費用を払う。頭金を多く入れて借りる方法もあるが、銀行からの借り入れを多くして自分の現金をできるだけ少なく使って収益を上げようとする投資をハイレバレッジな投資と言う。

・戸建てへの投資
ワンルームへの投資と同様、現金で買える価格のものもある。一般的に家族が戸建てを借りると長く住むことが多く、家のメンテナンスも入居者がする場合も多い。ただしシロアリや雨漏りなど大きな費用がかかる問題が起こることもある。

・シェアハウスへの投資
シェアハウスを買って、あるいは戸建てやアパートなどを買ってシェアハウスにして、人に部屋を貸し、家賃を得る。運営は自分でするか、シェアハウス運営会社に任せるか、任せられる人たちにお願いする。

これらの物件を組み合わせて所有している人たちもいます。また物件のエリアに関しては、都内の一等地にこだわる方法、地方で安く物件を買う方法、エリアを分散していくつかアパートやマンションを持つ方法などがありますが、一長一短があります。たとえば、地方では家賃は都心とそれほど変わらないのに安く物件が買えることもあり、物件の価格と家賃だけをみると高利回りです。高利回りというのは、ここでは表面利回りが高いという意味であり、表面利回りというのは1年間の家賃収入を不動産購入価値で割った数字のことです。たとえば1棟10部屋のマンションで月額家賃を10万と設定したら、10万円（家賃）×10部屋×12か月＝1200万円が1年間の家賃収入となります。この物件を1億円で買ったら1200万円÷1億円×100＝12％が表面利回りとなります。ところが、物件が値下がりをして、物件を売却したとしてもローンが返済できない、と苦しむ人もいました。都心では値下がりのリスクは低いものの、利回りが低くて、毎月の返済が大変だという人もいます。またあるエリアに集中して物件を持つと地震などの時に、すべての物件がダメージを受ける可能性がある反面、管理が容易です。

「私の投資方法が一番いいです」と言う人がいますが、自己資金などの資産状況や人生計画やリスク許容度など人それぞれですので、人によってどの投資方法がいいのかは異なります。どういう投資がいいのかは、自分の頭でよく考えることが必要です。また不動産賃貸業も厳しい環境になってきているので、厳しめのシミュレーションをし、安易に考えないことも大切です。

物件を探すには不動産屋さんに行って紹介してもらったりしますが、初めての方は不動産投資家のための物件情報サイトで、どんな物件があるのかみてみましょう。

〈人気の不動産サイト〉

●健美家《けんびや》　https://www.kenbiya.com

●楽待《らくまち》　https://www.rakumachi.jp

●アットホーム　投資　https://toushi-athome.jp

●LIFULL HOME'S ライフルホームズ　https://www.homes.co.jp

●不動産投資☆連合隊　https://www.rals.net

不動産投資サイトは不動産投資をしたい人たちが見ていて競争も激しいので、一般の人たちが見るサイトも見て、お宝を探したりもします。

●Ｙａｈｏｏ！不動産　https://realestate.yahoo.co.jp

●住友不動産販売　https://www.stepon.co.jp

●三井のリハウス　https://www.rehouse.co.jp

●東急リバブル　https://www.livable.co.jp

物件探しは忍耐との戦いです。せっかく預金も十分な知識もあるというのに「いい物件が見つからない」と言っている方もいらっしゃいます。物件探しから購入まで、１０００：１００：10：３：１と言う人もいます。これは、資料を１０００取り寄せ、そのうち１００を見に行き、そのなかの10の物件に買付証明書（購入の意思表示を売主にする書類）を入れ、さらにその中の３つの物件に対しての融資を銀行に申請し、1つの購入にいたる、ということ。もちろん目安ですが、たくさんの物件を見て目を養ってください。いい物件は取り合いなので、瞬時に買付を入れるかどうか判断をしなくてはならないのです。

ありがちなのが、あまり物件を見ていないうちに出会った物件がどうしても欲しくなってしまい、購入してしまうこと。実を言うと私も最初に見た物件がすごく良く思えてどうにか買えないだろうか、と真剣に考えてしまいました。融資をしてもらえなかったために買えなかった物件がいくつかあるのですが、今思うと買えなくてラッキーでした。

銀行からの融資を利用してたくさん不動産を持ちたいのであれば、「戦略」が一番大切です。融資をする銀行の考え方を知らなくてはならないのですが、私は『不動産投資の破壊的成功法』（金森重樹著・ダイヤモンド社）を何度も読み、不動産投資のセミナーに通って学びました。

Column

ゼロから不動産投資を始めて成功した女性たち

夫は職人。貯金400万円からの大家さんに
～ひとみさんの場合～

育児と家事で忙しい専業主婦でも、お金を稼いでいる人たちがいます。

ひとみさんという30代の女性をご紹介しましょう。ご主人が大工さんで、結婚した後もＯＬとして働いていましたが、出産などで彼女自身が働けなくなる期間があるかもしれない、と考えた時、将来の不安を感じたそうです。ご主人の職業は、福利厚生がなく、天候や健康状態（ケガなども）によって、収入が不安定になります。そこで、最初は、子育て中も在宅で働ける翻訳者を目指されて、私の運営していた翻訳ブログでのオフ会に申し込まれました。ひとみさんは、「なぜ翻訳者が不動産投資をしているのだ

ろう？」と疑問に思い、そのうち不動産投資に興味を持ちました。

不動産投資を中立の立場で教えるファイナンシャルアカデミーという不動産投資の学校を2010年1月より3か月受講して学んだひとみさんは、受講開始より約1年半後の2011年8月に初めて投資物件を手に入れたのです。

「インターネット上の不動産売買のサイトで、再建築不可の物件が2500万円で売りに出ているのを見て、すぐに興味を持ちました。10DK＋5LDK木造戸建てとの記載でしたが、実際は5LDKの戸建てが2つと、4戸のアパート1棟でした。けれども、私からしてみれば2500万円は大金。その金額では、借り入れをしても買えないと思っていたところ、5LDKの戸建て1つ＋4戸のアパート1棟の部分を1680万円で売ってもらえることになりました。日本政策金融公庫から1680万円を借入し購入にいたりました。当時の貯金400万円の中から300万円でリフォームを実施。そのリフォームは、自分たちでペンキ塗りなどをしてコストを低くしました。その時、私は妊娠中。夫や夫のご両親やご兄弟まで手伝ってもらいましたが、みんなで集まってわいわいとした作業はとても楽しかったです。

4戸のアパートはそれぞれ普通のアパートの部屋として貸しました。

5LDKの一戸建ては、一戸建てとして貸す方法もありますが、それだと家賃が月に10万円程かと思います。私はそれを5つの個室があるシェアハウスとして貸し出す計画を立てて融資をしてもらったのです。各部屋にテレビ、エアコン、ベッド、机をつけ、1部屋5万円の賃料を設定しました。5部屋あるので、満室時にはアパート分も含めると月に45万円の収入になります。インターネットも無料で使えるようにするなど、入居者の方々には満足していただけるよう、努力しています。おかげさまで、満室が続き、空

ひとみさんが所有、運営しているシェアハウス。

きが出てもすぐに次の入居者さんが見つかるという状況です」

一軒家をシェアハウスにして収益性を上げた方法は素晴らしいですね。不動産投資を知らない人であれば、その考え方についていけないかもしれません。けれども、不動産投資をしている人や勉強している人であれば、そういう方法を思いつくものです。ですから、やはりお金の知識や勉強は大切なのです。

私も物件を見学させていただきましたが、女性好みのレモンイエローのペンキなど、素人が塗ってムラができても、それがかわいらしく見えるようなものが壁に塗られていました。大きな収納スペースが各部屋にあったり、部屋からの景色が良かったり、照明器具や小物がおしゃれだったり、とても素敵にセンスよくリフォームされていました。アパートも、家具付きのアパートとして貸していて、こちらも満室が続いています。

そしてさらにひとみさんは2013年7月に、2戸のアパート1棟が1000万円で売られていたものを、490万円で購入しました。

「不動産屋さんから物件を紹介されたのですが、最初は購入するつもりがなかったのです。主人が運勢から見るとあまりいい年ではないから大きな買い物は避けたいと言ったので、断わるつもりで理由をつけて半額ならば買いますと言ったところ、490万円でいいです、と言われたのです。こちらも日本政策金融公庫から490万円借り入れしました。家賃は1部屋6万円で、1か月に12万円の家賃収入です。

これらの物件(4戸のアパート、シェアハウス、2戸のアパート)の借り入れに対する返済は月に20万円です。家賃収入との差額の37万円(45万+12万−20万)から、税金やリフォーム費、その他経費などの費用を引いた額が、実際に手元に残る現金(キャッシュフロー)です。

投資してよかったことは、生活費などの心配がなくなったことと、選択肢が増えたことです。両親を旅行に連れて行くことができたりしたのも、この不動産投資があったからこそ。それに会社を辞めた後でも社会とのつながりがあるのが嬉しいです。投資をしていなければ、○○君のママとしか呼ばれませんが、大家さん（不動産投資家）という肩書がついたことで、人とのつながりが広がりました。入居者さんに喜んで住んでもらいたいので、女性が好きそうな雰囲気作りをし、充実した設備や清潔なお部屋を常に提供できるようにしています。玄関先に1輪でもお花をいけておいたりしているのは、入居者さんに気持ちよく毎日を過ごしてもらえることを願っているからです。税金もかなり納めているので、社会貢献にもなっているという喜びもあります。これは専業主婦だった時には得られない満足感ですね。

そういえば、昔書いた夢リストが出てきて、28歳で結婚、好きな化粧品を毎月買う、などと書いてありましたが、全部かなっています！　自分でもびっくり。

稼げるようになって、新たな目標や夢もできました。夫と一緒にセミナーに出かけたり、自分の親への孝行をもっとしたり、子どもの教育の選択肢を広げることです。今、少し考えているのがマレーシアに2012年に創立されたイギリスの名門校、マルボロカレッジへ子どもを通わせること。

イギリスのキャサリン妃が高校生の時に（イギリスで）通われていた学校として有名です。マレーシアの分校で勉強させたら、英語の他、中国語もマスターできそうですし、国際的視野を持てるようになるのではないかと思います。今までの私だったら、何の疑問もなく、近くの公立校に通わせていました。自分でお金を稼ぐようになって、視野が広がった気がします」

マルボロカレッジは5歳から18歳までのエスカレーター式で、進学先はオックスフォード大学やケンブリッジ大学などです。マレーシアなどアジアに進出する欧米の名門校は増えています。本校よりも分校のほうが入りやすく、費用も安いことから、注目されています。

ひとみさんは２０１３年に株式会社エニグモ（マザーズ上場）が運営しているショッピングサイトＢＵＹＭＡで輸入販売を始めました（ＢＵＹＭＡは無在庫販売ができるのがメリットです）。最初は、海外ブランドの子供服を輸入販売していたのですが、レザーグッズにシフトしていきました。失敗や大変なこともあったそうですが、月の売上は1か月目4万円、２か月目50万円、３か月目１００万円、そして２０１８年には

ひとみさんの不動産ヒストリー

2008年　結婚

2009年　お金について真剣に考え出す
翻訳者を目指し、著者にホームページからコンタクトをとる→不動産投資に目覚める

2010年　1月「ファイナンシャルアカデミー」に通う

2011年　8月 初めての不動産Aに買付申込み

2011年　11月 契約引き渡し
リフォームにかかった費用……300万円
水性ペンキなどは近所のホームセンターにて購入。床材や新しい建具は知り合いから安く譲ってもらう。ダイニングテーブル・チェア・電気・小物・収納ボックスなどはIKEAにて購入。キッチンはニトリ。エアコンや、その他配線については、近所の電気屋さんにお願いし、アフターケアもお願いしている

2012年　5月 出産

2012年　5月 シェアハウスオープン
主にインターネットでの募集をし、2週間ほどで満室
10月 アパートオープン
リフォーム中にもかかわらず、1部屋あたり募集して平均2週間で入居になる（内見1回目で即決してくださる方が多かった）

2013年　7月 2棟目の不動産Bを取得（満室のためリフォームなし）
競売前の物件（任意売却）だったので安く購入

【物件情報】	A	B
【場所】	東京都内	東京都内
【構造】	木造	木造
【間どり】	アパート4戸付5LDK戸建て	アパート1棟
【部屋数】	9部屋	2部屋
【築年】	40年	35年
【購入金額】	1680万円	490万円
【利回り】	26%	29%
【融資金額】	1680万円	490万円
【自己資金】	400万円	0円
【借入期間】	10年	10年
【現在の不動産収入/月】	45万円	12万円

2018年　2013年に始めたBUYMAの輸入販売の月の売上が、3500万円を超える

3500万円超と、順調に増えました。

2015年にはマレーシアのジョホールバルに母子留学されましたが、その間も買付けをされたそうです。YouTubeも楽しくお子さんと取り組まれるなど、仕事と家事や子育てを両立されています。オリジナル商品の海外販売など夢がどんどん広がっているひとみさんから目が離せません！
■ひとみさんのバイマHP　buymapremium.web.fc2.com

Column

ゼロから不動産投資を始めて成功した女性たち

大病を患った夫の介護をしつつお金を稼ぐ
～黄金ガールさんの場合～

黄金ガールさん（ハンドル名）は、生活のため、つまり、家族が食べていくために不動産投資を始めました。

黄金ガールさんは、独身時代にはアンティーク・カフェを経営されていて、結婚後は主婦となり、古いバイオリンを扱う楽器商である夫の仕事を手伝ったりしていました。子どもが生まれ、分譲マンションを自宅として購入し、しあわせな生活を送っていました。ところが、2001年、娘さんがまだ4歳の時に、夫が病に倒れてしまうのです。脊髄《せきずい》小脳変性症という難病です。子どもと夫を養わなくてはいけなくなった黄金ガールさんは、新聞配達をしたり、昔やっていた骨董《こっとう》屋の商品や、手作りをした学校用のトートバッグや上履き入れを、Ｙａｈｏｏ！オークション（現ヤフオク！）で売ったりと、できることはすべてやろうと頑張りました。

「その頃、ロバート・キヨサキの『金持ち父さん　貧乏父さん』という本に出会い、家賃収入を得たいと考えるようになりました。知り合いの会計士さんに相談に行ったところ、アパートを紹介されたのですが、ローンを完済していた自宅を担保に融資を受けることで、アパートを購入することができました。

順調に家賃収入を得ることができ、生活もできるようになり、一安心。ところが夫の病状が進み、在宅では危険な状況になってしまったのです。夫とも相談し、利用費が月47万円の介護施設に入ってもらうことにしました。再びお金が足りないという事態に……。そこで、東京の自宅を貸すことにすると、月22万円で借り手が見つかったので、私と娘は埼玉県の家賃の安い家に引っ越しました。もうお金を借りることが嫌だったので、現金

築48年の戸建物件。マンションのように近所を気にせずに生活できるため、ファミリーに人気。

で安く買えて、家賃はそこそこという物件をコツコツと買い進めたところ、家賃収入は総額月１００万円以上になりました」

２０１１年3月11日に東日本大震災が起こりましたが、その月の24日に、長く病の床にいた夫が亡くなりました。大震災と夫の死により、黄金ガールさんは自分にとって本当に大切なものが何か、はっきりわかったそうです。それは、愛する家族、価値観や感受性の合う友人、持っているとしあわせと感じられる品、そして生活を豊かにしてくれる不動産投資物件でした。

「今は、ローンを組んで購入したアパートを売却したので、無借金で不動

黄金ガールさんの不動産ヒストリー

2001年	夫が体調を崩す。この時点では病名もわからず自宅療養。治ることを願いつつ預金を切り崩しながらの生活、娘4歳
2003年	検査入院の結果、夫の難病は「脊髄小脳変性症」。治る見込みがないことがわかり、自分が働きに出ることを考える ・朝刊の新聞配達　8万円／月 ・独身時代に営んでいた骨董屋の在庫をヤフオク！で販売 ・幼稚園児用の「受験用トートバッグ」を手作りし、有名私立小学校近くの「お受験ブティック」に卸し販売。ハードワークだったため体力がもたずに、新聞配達は6か月で退職。ヤフオク！と「トートバッグ」卸しの仕事で、約15万円／月（＋月約10万円の障害年金）。いよいよ先行きが不安になり、以前お世話になっていた会計士に相談してアパート経営を始める
2006年1月	初めての不動産取得 自宅を担保に入れ、りそな銀行からフルローンで、アパートを購入

【物件情報】	A
【場所】	埼玉県川口市
【構造】	重量鉄骨3階建て
【部屋数】	11部屋（ワンルーム10戸　店舗1戸）
【築年】	14年
【購入金額】	4000万円
【利回り】	16%

2007年 ≀ 2011年	内職からの利益で生活し、アパートからのキャッシュフローはすべて次の物件購入に充て、区分や築古の戸建てを購入 ひと月の家賃収入が130万円になった
2011年	夫永眠
2013年	川口市のアパートを4600万円で売却。ローンをかかえてのアパート経営をしたくなかったので、売却して無借金の状態になる
2014年	1か月の家賃収入は約85万円に 保有している戸建ては9戸で、価格は、220万円～890万円　区分は3戸保有
2018年	現在、保有している不動産は、無借金で18戸。ゆとりのある生活をしながら、暗号通貨など新しいことにも取り組む

産賃貸業ができています。借金は好きではないので、今後も無理のない範囲で現金で戸建てを買っていきたいと思っています。

お金を稼げてよかったことは、まず、主人が病気で働けなくなった時も、みじめな思いをせず、生活に困らなかったこと、そして今も誰かに依存しなくても自由に生きていること、このまま老後も安泰と思えることです。将来の夢は憧れの土地にビルを持つことかしら。やはり不動産が好きなんですね」

そう微笑《ほほえ》む、お金を生み出すアイデアをたくさん持つ黄金ガールさんの今後も楽しみです。

2018年、黄金ガールさんは「サハラ砂漠でラクダに乗る」という、昔からの夢を実現されました。大学3年生の娘さんはとても優秀で、学問やご自分の夢に邁進されています。無借金で戸建てなどを18戸持ち、家賃収入でゆとりある生活をされる一方、暗号通貨を買って、10倍になったところで売却するなど、新しいことにも楽しく取り組んでいらっしゃいます。

女性こそビジネスオーナー、投資家を目指せ

黄金ガールさんをはじめ多くの人に影響を与えた『金持ち父さん　貧乏父さん』（ロバート・キヨサキ著）に「キャッシュフロー・クワドラント」として、現金収入が生み出される4つの種類が書かれています（次ページ）。四つの種類にはE（employee 従業員）、S（self-employed 自営業者、small business owner スモールビジネスオーナー）、B（business owner ビジネスオーナー）、I（investor 投資家）があり、クワドラントの右側（BとI）にいけば、お金やビジネスがあなたのために働いてくれます。女性は忙しく自由を得ることが望ましいため、クワドラントの右側を目指すことが理想的です。

『なぜか好かれる「ココロ美人」になる5つの幸せオーラ』（学研パブリッシング）の著者、林志英《はやししえ》さんは「B（ビジネスオーナー）」にいる「I（投資家）」の女性です。中国の蘇州生まれの志英さんは中学3年生の時、両親が離婚をしました。母親は会社の一室に寝泊まりし、志英さんは学校の寮に入ることになりました。貧乏を抜けだすには、まじめに勉強していい大学に進学し、いい会社に入るという選択肢

キャッシュフロー・クワドラント

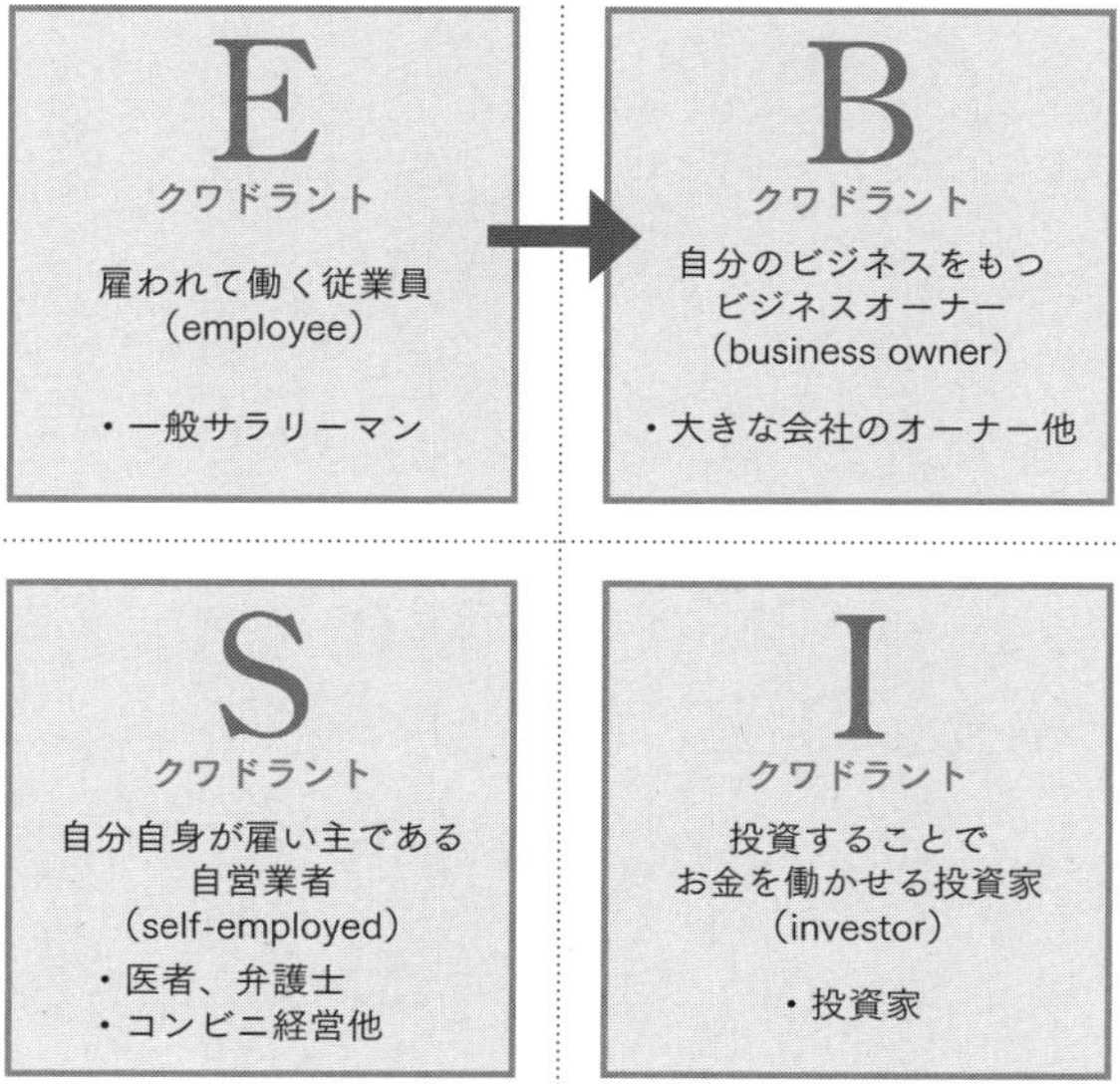
E
クワドラント
雇われて働く従業員
(employee)
・一般サラリーマン
B
クワドラント
自分のビジネスをもつ
ビジネスオーナー
(business owner)
・大きな会社のオーナー他
S
クワドラント
自分自身が雇い主である
自営業者
(self-employed)
・医者、弁護士
・コンビニ経営他
I
クワドラント
投資することで
お金を働かせる投資家
(investor)
・投資家

しかなかったと言います。

「中国の大学の日本語学科を卒業後、ロータリークラブの奨学金を得て大分大学の大学院で勉強しました。卒業後、上京し、東証一部上場企業に就職。その企業で初の女性総合職、初の外国人社員となりました。会社にいる13年の間に結婚をし、2人の子どもを出産。国際物流業務に携わっていた時に、インターネットビジネスの可能性を感じ、2001年に子育てと仕事の傍《かたわ》ら、『週末起業』として、子ども用のドレスを米国などから仕入れ、販売しました。アパレル業界も、EC（Electronic Commerce：電子商取引）業界も知らない、ゼロからのスタートだったのです。

ビジネスを軌道に乗せるまで2年かかりました。お客様とやりとりするための日本語や、海外取引先とのビジネス英語も完璧ではない状態でした。ないないづくしの中、あったのは大きな夢と、フォーマル服への情熱と、日本のフォーマル服市場を自分が変えていくという強い意志でした。2003年に、自分の夢にかけて脱サラを決意。フォーマル子供服専門店KAJINを設立しました」

現在は、時代に合ったECでグローバル・ビジネスに取り組んだり、講演などを精力的にしたりされています。不動産投資については公開されていませんが、規模は小さくないです。

ビジネスも不動産賃貸も、志英さんがいなくても、うまくまわっている状態になっているのです。自由な時間を持とうと思えばいつでも持てる状態ですが、世界中の子どもたちに笑顔の華を咲かせる、というミッションに邁進《まいしん》していて、とても楽しそうですので、ますます事業を発展させることでしょう。

第5章

知らないうちに
お金が集まる女になる
「8つの習慣」

私は先に述べたように自分の足で立てるようになったのですが、ユダヤ人との生活を通して、また経済的自立を求める過程で、「生活習慣」というものを少しずつ改めてきました。最初に追求していたのは、経済的自立だけです。お金に余裕が出てくるにつれ、より大きく稼ぐにはどうしたらいいのかということを追求し、さらにここ数年は「しあわせに豊かになる」にはどうしたらいいのか、ということを考えたり、学んだりしています。今思うのは、最初に「しあわせになる」と決めればよかったな、ということ。私はあなたには最初に「しあわせになる」ということを心に決めてほしいと思っています。

私が思う「自分を変えた習慣」は全部で8つあります。

1　今の自分はしあわせなのかを、問い続ける

2　人生の手綱を握る

3　世界を良くするという「使命感」を持つ

4　「自分はできて当たり前」と思い込む

5　いつでもどこでも誰からも学ぶ姿勢を持つ

6 1か月の間で新しく行動すること、挑戦することを決める
7 継続できることから行動する
8 同じ目的を持つ仲間と会う

見てわかるように、難しい思考も行動も必要ありません。自己啓発といった類《たぐい》でもないこともお伝えしておきます。これは**「しあわせな経済的自立」というゴールを目指す「よりよい人生のためのコツ」**のようなものです。私は、経済的自立を求める過程で出会った成功している人たちから、儲ける方法であるとか、投資方法などを具体的に学んできましたが、同時に彼らを観察することもしてきました。そして次のような習慣を持っている人が多いことがわかりました。

お金が集まる習慣①

今の自分はしあわせなのかを、問い続ける

あなたはなぜ「経済的自立」を手に入れたいのでしょうか？　金銭的余裕のため？　精神的自立のため？

何のために経済的自立をするかといえば、私は「しあわせになるため」ではないかと思うのです。「幸福学」で有名な社会心理学博士のロバート・ビスワス＝ディーナー氏によれば、人生に対する満足度が最も高いのは「愛はとても重要だけどお金は重要ではない」と考えている人です。お金を最優先にして人生の目標を立ててしまうと、しあわせは遠のいてしまうそうです。とはいえ、しあわせな時のほうが人は成功しやすいのです。そして、しあわせと成功（お金）は両立します。ですので、まずは自分が「しあわせ」になることを決心しましょう。

【あなたがしあわせを感じない理由】

●つねに誰かと比較、競争をしているから

　不動産投資家の集まりにいくと、最近は女性も増えてきましたが、男性が多いです。レバレッジをかけて物件をたくさん増やす手法を学ぶセミナーなどでは9割以上が男性ということもありました。そんな時に、

「この中で一番多く物件を持っているのは誰だろう」

　と気にする男性がいたりします。男性は競争の世界に生きている人が多いのですが、「成功」や「一番になること」を目標としてしまうと、上には上がいますし、小さなグループの中で一番になれたとしても、達成感は一瞬で、次の目標を求めてしまったりして、なかなか「しあわせ」になれません。そういう意味では、**女性の多くは競争の世界に生きておらず、同調や共感で生きているので、しあわせを感じられる場面が多いかもしれません。**

●人の目を過度に気にするから

　国連の世界の幸福度のデータによれば、概して、先進国の幸福度が高いのです。経済力がある国では、インフラが整っているからです。しかしながら、ＧＤＰの高

くない、ラテンアメリカの幸福度も高いのです。たとえば、日本は43位ですが、パナマ（日本のGDPの1%未満の経済規模）は15位です。

では、なぜ日本人の幸福度が低いのか。ロバート・ビスワス＝ディーナー博士によれば、典型的なアメリカ人は個人主義で、内から外を見ています。自分はユニークな存在であると捉らえ、自分の目標や望みを考えています。一方、日本人は、外から内を見ます。他人の目にどう映っているかを常に意識し、自分自身がどう思うかは後回しです。評判を気にし、他人からどう見られているのかを意識しなくてはならないので、無言のプレッシャーを感じたり、不安感を持ったりします。それが幸福度を下げているのです。

あるテレビの番組で、東日本大震災で妻子を失ってしまった男性が、震災から2年以上経っても、自分の趣味の楽器演奏ができなかったと話すのを聞きました。好きだったことさえできなくなるほど、心に傷を負ってしまったのだと、私は解釈しました。

ところが、「あの人は妻子を失ったのに自分の好きなことなんかして」と他人に批判されることを恐れて、趣味を再開できなかったという男性の話を聞いて、びっくりしてしまいました。そして同時に、「他人にどう見られるか気にしてやりたいこともできないなんて、どうかしている」と思ってしまい、すっかり他人にどう見られるかを気にしなくなっている自分にも驚いてしまいました。

そういえば、昔は、私だって、人にどう見られているか、人が自分のことをどう言っているのか、ということを、とてもとても気にして、縮こまっていて、息苦しさを感じていたではないか。そういう気持ちをすっかり忘れていました。

私は外資系の会社で働いたり、外国人と結婚をしてから、自分の視点がすっかり変わりました。人がどう見ているのかはあまり気になりません。また周りの人たちからの「自分たちと同じことをしなさい」という暗黙のプレッシャーを全然感じなくなりました。「あの人は半分外国人だから」と諦められている感じがします。外国人と結婚をしてから、少し「異質」だと思われ、他の人と同じでなくてもあの人は「仕方ない」というように周りも変わったと思います。

陰口を叩かれたとしても、陰口を叩くような人たちに言われるのを気にするほど暇ではなくなりました。今は、周りの人にどう見られているのかを気にしていた時よりもずっと精神的にラクですし、幸福度はずっと高いです。人の目を気にしていた頃の私は、陰口や悪口や孤立などを恐れ、挑戦したいこともできないでいました。

●間違った自己犠牲精神を持っているから

私は自分よりも結婚相手のほうが大切だと考え、自分を犠牲にしてでも彼の言うことを何でも聞いたりした結果、パートナーシップが歪《ゆが》んでしまい、離婚へとつながってしまいました。

自分の失敗から言えるのは、自分のことを一番大切にしなくてはならないということです。自分をまず愛して満たしてしあわせになる。そしてあふれた愛を家族や友人へ、近いところから遠くへ広げていくのが良いです。**自分を一番に愛することを心がけてからは、人生は大きく良い方向に変わりました。**予想をしていなかったのですが、周りの人たちから「わがまま」などと非難されることもなく、大切にされるようになりました。

よく使われるたとえですが、飛行機で酸素マスクを使わなくてはならない事態になった時に、まず自分の酸素マスクをし、それから子どもの酸素マスクをすること、と指示されます。自分が倒れてしまったら、人を助けることができないからです。

しあわせになるのも同じで、まずあなたがしあわせにならないと、他の人をしあわせにすることができません。

「自己を利さずして他者を利することのできる人間は1人もいない。これは、この人生におけるもっとも素晴らしい報酬の1つである」

というのは哲学者のラルフ・ウォルドー・エマソンの言葉です。

自分がしあわせになればなるほど、他人を助ける余裕ができ、他人を助けることでさらにしあわせになれるのです。

Column

「自分のことは後回し」という母親はもうやめよう

53歳で起業をした東《あずま》希《き》美《み》子《こ》さんは、中小企業庁の創業補助金の認定を受け、ＪＲ国立《くにたち》駅の南口近くに「シェアスタジオとしごとの教室・リトマス」をオープンしました。

もともと会社で働くのが好きだった東さんは、会社ではグループ・リーダーになり、やりがいも感じていたのですが、子育てとの両立が難しくなり34歳の時に会社を辞めました。その後、その会社から業務委託をしてもらい、ＨＰの管理をする仕事を20年近く在宅でしました。

明るくて、人と一緒に働くのが好きな東さんは、在宅で1人で仕事をするよりも外に出たいと思い、下のお子さんが中学生になった時就職活動をするのですが、40代後半という年齢のせいか、うまくいきませんでした。

45歳の時には、進行してしまっていた子宮頸《けい》がんが見つかったそうです。

「自分のことはつい、後回しになってしまう」

そういう東さんに、私は深くうなずきました。家族の健康には細心の注意を払うのに、自分のことは忙しさにかまけて後回しにしてしまい、健康診断をなかなか受けない。私の母も同じ病気で亡くなっていますし、周りの家庭を持っている女性を見ても、「自分を後回し」にする人がとても多いからです。

幸い、東さんは5年ほどで体調が回復しました。「死ぬかもしれない」という経験をしたため、「自分の命を使い切ろう」「やりたいことをする」「夢をかなえたい」と思うようになりました。

在宅でのお仕事をされていたため、自分で稼いだお金がありましたが、それ以前は自分のことだけに使うのが憚《はばか》られ、生活のために使ったりしたそうです。しかしながら、それ以降は、興味のある講座や勉強会に参加するなど、自分の成長のためにお金を使うことにしたそうです。そして、学びが起業へとつながり、ともに学んだ人たちが東さんの資産となっているのです。

子どもにお金を使って、自分にはお金を使わない母親は多いと思いますが、その結果、自分のやりたいことができず、「ぱっとしない」「歳をとるとつまらなそうで嫌だ」と、子どもも将来に期待を持てずにいることがあります。それよりも、母親が自分に投資をし、イキイキと人生を楽しんでいる姿を見せるほうが、子どもや周りの人たちにとってもプラスになるのではないでしょうか。

お金が集まる習慣②

人生の手綱を握る

少し前の時代は、女性は若いうちに結婚して、結婚したら家庭に入り、家族を守るというパターンが普通でした。そのため12月24日には飛ぶように売れ、25日には売れなくなるクリスマスケーキに女性は譬《たと》えられたりしました。24歳までに結婚しなくては、とプレッシャーを感じたりもした女性もいたのではないでしょうか。その反面、選択の余地があまりないので、迷いは少なかったかと思います。今は、結婚しなくても「ご本人の自由でしょう」と周りが言ってくれますし、自由で本当にいい時代になったと思います。けれども、選択肢が多ければ多いほど、迷いも大きいかもしれません。

今のあなたは、あなたがこれまでしてきた選択の結果です。学校、会社、友人、結婚など、あなたの選択によって、人生は大きく変わります。その重圧から、他の人に決めてもらいたがる人もいますが、自分でよく考えて選択しましょう。自分で考えた末の選択であれば、たとえうまくいかないことがあっても、誰かをうらんだりすることもありません。

また誰かに依存して生きていくのは、この時代、とても危険です。お金持ちの男性と結婚して玉の輿《こし》に乗れたと喜んだ女性が、夫の破産で苦労する話を聞いたこともあるでしょう。職を失ったり、出世の道から外れたり、人生は思い通りにいかないことも多々あります。

子どもが幼かった頃、ママ友として親しくしていた女性から「遊びにこない?」と誘われたことがありました。お金持ちマダムの風貌《ふうぼう》で上品な女性なので、幼い子どもと2人で小さな古ぼけたアパートの一室で暮らしているのを見て、違和感を覚えました。けれども、押し入れの中には、彼女に似合う高価なブランドのバッグや服がたくさん詰まっていたのです。

不思議に思っていた私に彼女は身の上を話してくれました。彼女は夫とは別居中でした。中小企業の社長をしていた時には、夫はとても羽振りが良く威勢も良かったのに、経営が傾いてからは、すっかり人が変わってしまい、とても弱気になったとのこと。豪華な分譲マンションに家族3人で住んでいたのですが、ローンの支払いができなくなってしまいました。取り立てが激しくなると、夫は蒸発をしてしまったので、彼女は子どもと一緒に夜逃げをしました。やむなく彼女はキャバクラで働くことにしたのですが、その稼ぎでは子どもと2人の生活だけでも大変でした。

そんな時、蒸発していた夫がアパートにやってきて、「病気になってしまった。頼む。面倒をみてくれ」と土下座をしてお願いをしたそうです。「お金持ちと結婚したつもりがこんなことになって」と、彼女は健気に笑いながら言っていました。女性の人生は夫の仕事に影響を受けますが、あまりにも大きな落差で、とても気の毒でした。

私は不動産賃貸業をしているので、時折、離婚したばかりの30代や40代の女性が子どもと住むために入居の申し込みをしてくることがあります。看護師など資格があり以前働いていた、という女性であれば、きっと仕事がすぐに見つかるだろうと思い、入居してもらいます。けれども40代の女性でずっと専業主婦をしていた、という女性が申し込んできた時にはためらいました。周りの人に相談すると、生活保護を受けるのであれば家賃は大丈夫という人もいました。私にとってリスクはあったのですが、入居してもらいました（元夫と同じ街に住んでいたくないという理由ですぐに退去されましたが）。

生活保護の金額が下がってきていますし、国のお金も十分ではないので、支給の条件も厳しくなるかもしれません。私が、入居者さんの仕事が見つかり生活ができるようになることを願っていると、生活保護を受けている人の事情をよく知る人が「いや、実際に働き始めた時のほうが心配なケースが多いですよ。正社員にはなかなかなれないから、パートなどの仕事になるかと思います。お給料は安いし、長く専業主婦だったりするとなかなか続けられない人もいます」と言っていました。

「自立」は「しあわせ」への近道である

夫にも国にも頼らないでも生きていける気持ちを持ってみましょう。明日、急に1人になったと仮定し、自分がすべきこと、できることを書きだしてみるのもいいかもしれません。

いくつかのおけいこ事を母と一緒にしていたので、母世代の主婦など、自分と同世代の主婦の他、さまざまな年齢の主婦の方々とおつきあいしてきましたが、夫が退職した年齢の女性たちは夫に縛《しば》られていると感じました。「夫が家にいる時にはお昼ご飯の準備もしなくてはならない」など、夫への義務を感じ、離婚できるものなら離婚したい、という人たちもいました。そこまで言うのに、離婚しないのは、「経済的にやっていく自信がないから」とか、「自分で働くよりもラクだから」という理由でした。少し大変でも経済的に自立できた場合、比べようもないぐらいの大きな精神的な満足感を得られるというのに、とても残念でなりません。

他人に頼って生きていくのは危険なだけでなく、人生をつまらなくしてしまう可能性が高い。「自立」するということは自分の人生を自分で歩んでいるということ。「自立」はしあわせの近道なのです。結婚も、自立した2人がしたほうが、金銭的にも精神的にもより豊かな生活を送れます。まずは女性が真の意味で「自立」すること。これが一番確実なのだと実感します。

私自身も、自力で経済的そして精神的な自立をしたことは、大きな自信になっています。セルフイメージや自己評価が上がり、自尊心が高くなりました。そして将来の不安がずいぶんと減りました。

お金が集まる習慣③ 世界を良くするという「使命感」を持つ

世界を良くすると聞くと、何か大それたことをしなくてはいけないのか、と思われるかもしれません。ここでお伝えしたいのは、小さなことでも「世界を良いほうに変えたい」という「使命感」(ミッション)を持ち続けることが、あなたの大きな武器になるということです。

成功している人たちは概して、ミッションを持っています。先にご紹介したトレンダーズ株式会社のヴィジョンは「女性の生き方を変える。時代にないものを創りだす」、そしてミッションは「ますます女性の生き方が多様化する時代において、ひとりひとりの女性が、より充実し、より美しく、より満たされるような、新しいライフスタイルを提案していきたい」です。自分の行動によって達成したい、達成するべき先が見えているのです。

自分の利益しか考えていない人たちは、一時的に成功しても、長く続かないことが多いようです。

では、なぜミッションを持つと成功しやすいのか。

1つには、**ミッションを持つと大きなパワーを発揮しやすい**からです。誰かのために一生懸命になったことはありませんか？　たとえば、私は見ず知らずの人に自分にお金をくださいとはとても言えませんが、困っている人たちのために、募金をしたり、たくさんの人に呼びかけをすることはできたりします。私は、自分の子どもたちを育てるために、自分の実力ではできないのではないかと思った仕事に、チャレンジをすることができました。また恵まれていない子どもたちのために寄付をするということもモチベーションになっています。

もう1つには、**誰がみてもいいと思うミッションに邁進している人は、他人に応援されやすい**からです。たとえば、自分のためだけにお金を使う人と、動物愛護の活動をしている人が同じ商品を売っているとしたら、どちらの人から商品を買いたいと思いますか？　どちらを応援したいかは明白です。

大切なのはギブ＆ギブ＆ギブの精神

また、「人に応援されることがとても大切」ということを、成功している人たちは言います。人に応援されるには、やはり自分が人を応援することが大切です。いつも人に貢献している人たちは、他人から応援されています。あなたもぜひ、「ギブ＆ギブ＆ギブ」の精神で、相手が喜びそうなことを考えて貢献することを心がけてみてください。あなたが何かをする時に、思いがけず多くの人たちから応援されることになるでしょう。

『女性ミリオネアが教えるお金と人生の法則』（日本経済新聞社）の著者、トマス・J・スタンリーの調査で、年収の少なくとも10％を毎年慈善団体に寄付する人には、次の特徴があることがわかりました。

・大いに尊敬される
・人生で楽しみや幸福感を味わうことがより多い

・富と資産が増え続ける

寄付をする人の富と資産が増え続けるというわけは、まず「お金持ちになった後はどうすべきかという目標（寄付）がある」ということ。つまり、目標があったほうが資産を増やす努力をします。また、寄付したいという気持ちが強いほど、貯金や投資に熱心になるといいます。

寄付をすることで、尊敬され、楽しみや幸福感を味わうことができ、資産が増えるのであれば、しない手はないですね。困っている人に共感し、富は分かち合うものだと考えていることが前提かと思います。

お金が集まる習慣④「自分はできて当たり前」と思い込む

結婚するまで、私は自宅は所有できないものだと思い込んでいました。賃貸のアパートに住んでいた時も、家族が落ち着ける家庭を作り、実家の庭から切ってもらった花を一輪飾ったりしては、満足して生活していました。けれども、「できない」という思い込みがいろいろな場面で自分を苦しめていたと思います。今は「できる」という思い込みから、物事を見るようになったので、できることも増え、楽になりました。

この「できる」ことはどんなに小さなことでもいいのです。

たとえば私は長年ペーパードライバーでした。「できない」という思いが先に出て、運転もうまくできませんでした。教科は1回で合格できたものの、実技の試験には何度も落ちてしまうのです。また教習所では、ひどいセクハラによく遭いました。隣に座っている教官が、運転のミスをするたびにシートベルトを横からひっぱり、「そんなにたくさんミスをするから胸がつぶれているぞ」とニヤニヤしながら言ったりしたのです。運転だけでも精一杯なのに、なんでこんなにひどい邪魔をされなくてはならないのだろうと悔しくなりました。そのせいか、「運転」イコール「嫌なもの」になってしまったのです。実技試験を何度か落ちて、やっとの思いで免許はとったものの、運転はできないと思い込み、ずっと車から離れていました。

ところが「マンションの管理のために現場へは自動車で行こう！」と、数年前に思い立って、教習所に行って運転の練習をしたところ、驚くほど簡単に運転できたのです。教官の教え方が素晴らしく、私は運転に集中できたということもありますが、なにより、「運転はきっとできる」と考えていたことが大きかったのです。

運転だけではありません。かつて苦手だと思っていたことは、「できる」と思うだけで、意外と簡単に成し遂げられました。あなたも、もし何か苦手だとか、尻込みしていることがあれば、「きっとできる」と思い込んで、トライしてみてください。

低学歴でさえ強みになる

これまで私は自分に自信が持てず、多くのことをやらないで済ましたり、簡単なことを苦労してやったりしました。自信のなさの理由の1つは、学歴が立派なものではないこと。短期大学に通っていた時に、いわゆる一流大学であるW大学から時事英語の先生がいらしていたことがありました。授業が終わった後に、授業とは関

係のない英語の質問をしたところ、

「私はW大学の学生なら喜んで教えるけれどもね、あなたみたいな子に授業外でわざわざ教える必要ないでしょう」

と言われたことがあります。

翻訳者になってからも、個人でやっている翻訳会社に出向いた時に、

「帰国子女でもなく、学術的なバックグラウンドがない短大卒のあなたにきちんとした英語が書けるわけない」

と言われたこともあります。若いということもあったと思いますが、「馬鹿な私」というセルフ・イメージを持っていると、そういうことを言われてしまうのです。

そう言われた時には、驚いて「すみません」と恐縮したのですが、今、彼らのもとに行って、当時の私をかばって言い返したい気もします。

「学歴が高いと、失礼になったり、横柄になったり、傲慢《ごうまん》になったりすることもありますね」

と。

実際、私が尊敬する特許翻訳の先生がよくおっしゃる言葉は「経験的に、だめな翻訳者は高学歴、高齢、男性」。翻訳のクラスなどで、確かにそういう条件でだめな人を見かけます。彼らは、人の言うことを聞けないし、いつも人と競争していて、自分のほうが知識があるということをひけらかさないとすまないのです。

高学歴の人に対してコンプレックスを抱いていましたが、そう考えると、指摘されたところは謙虚に直せる私のほうが、実力を伸ばしやすいし、翻訳会社の人にも好かれ、仕事ももらえるという面もあるのです。

もちろん高学歴はいいことですが、一般に良いとされていること（高学歴、美人、金持ち）が必ずしも良くないという面もあるのです。ユダヤ人の義理の父は貧しかったため十分な教育を受けることができず、14歳の頃から働いていました。成功した義理の父の強みの1つとして、「学歴のないこと」を挙げた人がいます。その意味は「充分な教育を受けていなかったがゆえに、思考が慣例にとらわれておらず、型破りな方法を考えつくことができた」ということです。

常識にとらわれずに、ぜひ、あなたの良いところを見つめてみてください。私は「馬鹿な私」というセルフ・イメージを捨ててからは、かつてのように馬鹿にされることはなくなりました。

まず見た目から。明日からセルフ・イメージは変えられる

簡単にあなたへの見方を変える方法があります。それは「見た目」を変えることです。以前、「見た目」のレッスンの講師に、「あなたは胸を張るだけで自信に満ちて見えるよ」といわれたこともあり、私は胸を張ることを心がけるようにしています。すると、不思議なことに、胸を張るだけで自信に満ちた気持ちになることに気づきました。実はそれは社会心理学者のエイミー・カディにより証明されています。

ボディランゲージは、自分に対する他の人の見方に影響するだけでなく、自分自身の見方にも影響します。体を広げる力強いポーズ（たとえば、足を開いて立ち、胸を張って、手を腰にあてるようなポーズ）をたった二分間するだけで、テストステロン（支配性のホルモン）が上がり、コルチゾール（ストレスのホルモン）が下がって、堂々と振舞えるというのです。

このように仕事の時や何かの役割を持っている時には、見た目にも戦略があった

ほうが効果的です。服はペットボトルのラベルのようなもの。あなたはペットボトルの飲み物を選ぶ時に、ラベルの何を見て選びますか。デザインでしょうか。機能でしょうか。せっかく中身がよいものでも、中身の素晴らしさを伝えられていないラベルであれば、選ばれないことでしょう。

もちろん、中身がおいしいと知っていれば、ラベルがどうであれ、手にとるかもしれません。しかし、その中身の味を試す最初の一口がなければ、そのおいしさは知ってはもらえません。人間と服も同じで、人に選ばれるラベル（服）であると、ビジネスやパーティーなどにおいても選ばれたり、話しかけられたりするチャンスが増えるのです。

お金が集まる習慣⑤

いつでもどこでも誰からも学ぶ姿勢を持つ

「女性にありがちなんだけど」

知り合いのカウンセラーの男性が言いました。

「歳を重ねてから、周りの人たちの自分に対する評価が下がったことに後悔する人が多いんだよね」

特に女性は若い時にちやほやされがち。それを自分の価値だとか実力だと勘違いして何も努力をしていないと、若さが失われた時に「なんで私はこんな待遇を受けなくてはならないのだろう」と悲しい思いをすることになります。

それを避けるには、1つには人間力を日々高めておくことでしょう。歳を重ねた時に、「ばばあ」と疎まれるか、「あの人に相談してみよう」と頼られるか。その差は大きいと思いませんか。もう1つには、知識や知恵です。できれば収入につながっているような知識が望ましいと思います。歳を重ねた時にあなたの話を聞きたいと言ってもらえるようになっていましょう。

普段から、誰からでも、何からでも学ぶという習慣を持つことはあなたの知識、教養を増やす以外にも、人間としての深みを増してくれます。1つのことをとことん学ぶことと浅く広く学ぶことを両方しておけば、専門性も深まり、人生に起こるさまざまな場面であなたを助けてくれるはずです。

ユダヤ人が集まるセミナーでは、講師も参加者から学ぶという姿勢を持っていますし、参加者も積極的に発言をし、みんなで議論を深めようとするコンセンサス（同意）があるように思います。


私にもっとも多くの変化をもたらした学びというのは「お金」の学びでした。

複数の収入を得ることを考えてから真剣に勉強を始めた株式投資は「師匠」と呼ぶ人に指南をしてもらい、本業の傍ら、取り組みました。株式投資は、余裕資金で小さくしてみることをお勧めします。まず、損をする可能性があるのを知っておく必要があるからです。もちろん私の場合でも、「上場廃止」という理由で紙くず同様になった株もありました。

それでもお勧めする理由は、私の場合は、株の投資を通じて、恐怖の感情を律するようになったし、株を買うと経済のことやニュースに関心を持つようになったからです。

また「利益を確定」して、利益を出すこと（リターンを得ること）に意識を配れるようになりました。それは株だけに限らず、不動産投資など他の投資でもそうですし、勉強などの自己投資についても同様です。たとえば、資格をとるのにいくらかかるのか、それを回収できるのか、一番貴重な資源である時間も考慮して、その資格をとるのが見合うのかということを考えるようになったのです。また、自分自身はそういう考えを知らなかったので、極端に自分だけの利益を考える人についてもわかるようになり、だまされにくくなったかと思います。

お金の勉強がおもしろいのは、**勉強をすればするほど、お金という結果がわかりやすく出る**からです。真剣に取り組まないと結果が出ないものもありますが、知ってしまえば簡単にできてしまうものもあります。労働以外の方法で増やすことができるのは、サラリー一本で生活するよりも安心です。

いろいろと「お金」に関して勉強をしていくうちに、不動産投資のセミナーやジム・ロジャーズなどの著名投資家の高額セミナーなどにも行くようになりました。

知識を得るための本やセミナーにかかるお金は「投資」であるので、むやみにケチらないことが大切です。けれども同じ情報を得ても、その価値が数百万、数千万になる人もいれば、1円にもならない人がいます。その差は、**お金の匂いに敏感であるかどうか、また行動に移せるかどうか**で生まれてきます。お金の匂いに敏感であるというのは、その情報を使えばお金を得ることができるとわかることで、お金を稼ぐことを自分で何度もやってきている人であれば、すぐにピンときます。誰かに勧められないと、金融商品を買えないという人であると、ピンとこないようです。

お金が集まる習慣⑥

1か月の間で新しく行動すること、挑戦することを決める

米国を代表するカリスマ講演者・コンサルタントのダン・S・ケネディ氏が言う「成功に至る唯一の法則」とは何だと思いますか？　数々の自己啓発書に書かれて

いる成功のための法則の中から、ケネディ氏がたった1つだけに絞ったのは「行動」。

ケネディ氏が挙げた数々の自己啓発書には、『思考は現実化する』（ナポレオン・ヒルが、鉄鋼王アンドリュー・カーネギーが見込んだ成功者500人をインタビューし、彼らの共通点や思考などをまとめたベストセラー）や『7つの習慣』（スティーブン・R・コヴィー著。両方ともお勧めの本です）にも含まれているのですが、ケネディは、思考よりも「行動」が大切だと言うのです。

私も行動はとても大切だと思いますが、本書では経済的自立を目標としているので、私はその「目標に向けた行動」が大切であるということを強調したいと思います。本を読んだ、セミナーに行った、教材を取り寄せた……などをしても（最初の大きい一歩ではあるのですが）、目標に向けた行動に結び付かない人を多く目にします。

どのようなセミナーでも参加者のせいぜい5％の人しか学んだことを実行しないと言われています。つまり、学んだことを実行するだけで圧倒的優位に立てるわけです。

第2章に書きましたが、私はフリーランスになるか迷っていた時にいただいた手紙に背中を押されました。

「目的地までの道にある、すべての信号が青になってから、出発をしようとしても、それは不可能です。信号が青になっているところを、順番に進むことによって、目的地に到達できるのです」

完璧に翻訳ができるようになる日は、私には来ないかもしれません。ですので完璧を目指して行動を起こさないというよりも、仕事が与えられるのであれば、ありがたく精一杯やろうと思いました。仕事を通して知識や経験を積んだのです。

また何か問題が起こったり、どうしても達成したいことがある時には、私は先ほどのケネディ氏が著書『大金持ちをランチに誘え！ 世界的グルが教える「大量行動の原則」』（東洋経済新報社）で書いていた「大量行動」をします。「解決すべき問題があるのだったら、可能性のある解決策をひとつ実行するのではなく、10も20もやってみるのだ」ということです。私の経験でも「大量行動」は有効なので、試してみてください。

行動をしない理由は星の数ほどあります。けれども、現状を変えたければ、新たに行動をしたり、今までの行動を変えたりしなくてはなりません。つきあう人を変える。環境を変える。考え方や自分の発する言葉を変える。いろいろと変えてみてください。

時に私たちは批判を恐れて行動や挑戦ができないこともあります。特に女性は人の目や噂《うわさ》を気にして行動に移せない人が多いようです。私の母もそうでした。私の母は明るく親切で人からとても好かれていたのですが、人の目が人一倍気になるタイプでした。人のためには無償で働いたり、食べ物をたくさん作って差し入れしたり、とても行動的な面がある一方、自分の夢や自分のやりたいことにはなかなか挑戦できなかったり行動しなかったりしました。

人のために尽くすのはいいことでしょう。けれども、なぜ自分より（時には自分の家族より）他人を優先するのか、と歯がゆく感じることがありました。私は母に、もっとわがままに、人の噂を気にせず、のびのびとやりたいことに挑戦してほしかったと思います。そしてもしあなたが人の目がとても気になるタイプであれば、人は思うほどあなたのことを気にしていない、ということをお伝えします。そしてスティーブ・ジョブズの言葉を贈ります。

「あなたの時間は限られている。だから他人の人生を生きたりして無駄に過ごしてはいけない」

そして善意に満ちた忠告にも気をつけないといけません。あなたが夢や目標を言うと、あなたのためを思って、「それはやめておいたほうがいい」と忠告する人がいます。私の次男はベーシストですが、彼が学生の時には「音楽で食べていくのは難しいよ」「ベーシストになるのは絶対にやめさせたほうがいいですよ」とほとんどの人から言われました。

当時私も音楽で食べていくのは難しいという事実は知っていましたし、子どももそれはわかっていました。気持ちはありがたく受けとめましたが、忠告には従わず、音楽に挑戦させました。今は、ベーシストとして自立していますが、当時は「周りの人のアドバイス通りになったとしても後悔はしない。逆に、挑戦させなかったら、後悔する」と思っていました。

また「もしプレーヤーとして成功しなかったとしても、海外で音楽の勉強をしているうちに英語が堪能になったり、音楽関係者との人脈を築いたりしておけば、どこかで必要とされるかもしれない」と考えてあまり心配をしていませんでした。私はいつもドリームキラー（夢や目標を壊す人）には気をつけていますし、自分自身もそうならないようにしています。

その他にも女性は、男性の恋愛の対象でいたい（男性より優秀になりたくない）という気持ちや、同性に妬まれるのはいやという気持ちがある人が多いかもしれません。しかしながら、あなたが夢や目標を達成してどんどん成功していけばいくほど、成功している素敵な人との出会いもあるものです。上に抜けてしまえば、同性に妬まれることもないかと思います。

最初の1歩を踏み出すのは難しいのですが、この本を読んでから1週間以内に、あなたの夢や目標に向けて、小さな1歩でいいので、ぜひ踏み出してみてください。

お金が集まる習慣⑦
継続できることから行動する

成功するまで諦めなければ、成功します。が、続けることが難しいのは私もよくわかります。今までいろいろと通信教育や習い事をしましたが、ほとんどは継続することができなかったのです。例外は、翻訳の通信教育です。やはり、自分がどうしてもやりたいと思っていたことで、育児をしながらの経済的自立のために、絶対にモノにしたいという強い気持ちがあったので、続けられたのです。逆に言えば、**続けられないものは、あまり情熱がないものなので、続けられるものを探してもいい**

のかもしれません。

子どもが小さいうちは、子どもが寝ている時間や、おもちゃで熱中して遊んでいる時などの細切れ時間に勉強をしました。まとまった時間にじっくり取り組めたらいいのに、と思いましたが、ないものねだりをしても仕方ありません。疲れてしまっている時には、勉強ができないこともありました。それでも次の日には少しでも勉強をして、勉強の中断期間を長くしないようにしました。フリーの翻訳者になってお金を稼いでいる自分が思い描けていたので、努力は報われるのだ、と信じていたかと思います。

経営の神様、松下幸之助《まつしたこうのすけ》氏は「自分は失敗したことがない。それは、成功するまで続けるからだ」と言いました。失敗から学び、次は成功するように考え、チャレンジする。簡単なことではありません。しかし根気強く物事に取り組むと、ライバルがどんどん減っていくのがわかり、勝算が高まるのを感じます。諦めるのが早い人が多い気がします。

また短大に通っていた時に、女性の先生に繰り返し言われた言葉があります。

「1つのことをずっと研究なさったらいいわね。たとえばオムツをテーマにしたっていいのよ。歴史であるとか、種類であるとかを調べるの。あなた方は英語ができるのだから海外の文献も読むといいわね。結婚しても子どもが生まれてもずっとお続けなさい」

この言葉はずっと心に残っていて、興味のあることを継続して積み上げることを心がけるようになりました。継続したことは力になったり、武器になったりしています。

継続するために私がしていることは、小さいことでも達成するクセをつけることです。たとえば英語の勉強を継続したいと思っているのであれば、毎日のTO DO LIST（やることリスト）に、新しい単語を10個覚える、などと無理なく達成できることを書き、新しい単語を10個覚えたらチェックを入れます。小さいことですが、積み重なると、「達成した」という事実が自分の中で自信になっていきますし、習慣となれば歯を磨くことのようにできます。

お金が集まる習慣 8

同じ目的を持つ仲間と会う

「成功の80％は顔を出すだけで手に入る」と、映画監督、俳優、脚本家、小説家という肩書を持つウディ・アレンが言っています。チャンスは人からもたらされるので、やはり、人と会うことが大切です。

けれども、人は誰にでもチャンスを与えるとは言えないでしょう。努力をしていて信頼できる人にチャンスを与えるのではないでしょうか。そして何かがあった時に思い出してもらえたら、声をかけてもらえるチャンスも多くなります。

成功している人たちや、メンターになるような人たちは、意外と細かいところを見ているものです。

「ありがとうございます」と言ったかどうか、普段からきちんと心を配っておきましょう。誰かに紹介をしてもらったら、報告をきちんとすることも大切です。

もしあなたがビジネスを始めるとしたら、まず**誰かに応援されるような仕事をしてください**。人が応援したくなることがビジネスでは大切になってくるからです。

ではどうやったら人に応援されるようになるのか。最も確実な方法は、自分が人を応援することです。

人望があり、人気のある方が「出会う人すべてにファンになってもらうように心がけている」とおっしゃっていたことがあります。「ファンになってもらう」ということには、あまりピンとこなかったのですが、私自身も目の前の人を大切にするように心がけています。また、何かをするという時に、思いがけずいろいろな方々から支援や応援を受けることがあったので、感謝の気持ちを忘れないようにしようと思っています。

科学的な根拠のないことですが、私は自分が目指す人、成功している人、メンターなどの近くにいたり、触ったりすると、自分もそのような人に近づける気がします。

成功者や素敵な人がいれば近くに行って、雰囲気を感じます。セミナーであれば、前の席に座ります。彼らのきれいなオーラを浴びているイメージで近くにいるのです。

また成功した人（有名人）に会えば「握手していただけないでしょうか」と聞き、握手をしてもらっています。成功の気をチャージしているイメージです。

成功者から、成功の要因として「諦めない」「モチベーションを下げない」とよく聞きますが、なかなか難しいことです。私の場合は、「成功している人たちや、自分と同じような状況にいて努力している人たちと会う」ということで、モチベーションを下げないようにしています。

仲間が見つからないなら、自分で「場」を作ってみよう

お金の知識を得れば、意外と簡単にお金を手に入れることができます。けれどもお金のことを話せる相手がなかなかいませんし、自分から話そうとする人も少ないものです。お金のことを聞かれることが多くなってきてからは、「お金のことを話せる仲間を作れる場」を提供し、私自身もうまくいった投資の話や失敗したことを話したり、ゲストを呼んで話をしてもらったりしています。私も参加者の方から学

ぶことも多い、大変貴重な場所です。

そこで私がアドバイスしたことを実践してくれた人たちが、徐々にですが、お給料以外にお金を得るようになってきました。「お金の話は楽しい」「お金を得ることによって、人生を前向きに考えられるようになった」という声を聞きます。

お金を稼いだり、儲けたりという話は、下品ではありません。お金の話を深くしていくと、家族の話になることが多いというのはなぜでしょうか。「親がお金で苦労したから楽をさせてあげたい」「家族や愛する人をいざという時に守れるよう、お金に余裕が欲しい」など、自分の人生や家族のことを真剣に考える時に、お金の話は避けられないことなのです。これからもそんな仲間が増えていくといいなぁと願っています。

第6章

成功を手にするまでの「4つのステップ」

どん底にいても、確実に上にいける4つのステップ

これまでお金を得る方法をいくつか紹介しました。他にもエンドレスと言っていいほどたくさんの方法がありますが、やってみたいものや、できそうかな？　と思えたものはありましたか？　ぜひ、楽しくて、幸せに感じるものを見つけてください。

私自身は、乳児と幼児を抱えた状態でお金を稼ぐことを考えていたので、絶望的ではないかと感じることもありました。けれども、「お金を稼ぐ」「子どもたちに惨めな思いはさせない」という目標を立てた途端、試行錯誤をしながら、「稼げる」フリーの翻訳者になっていきました。

お金を稼いで自立をしようと決心したスタート時点では、

・乳児と幼児がいた

・離婚を考えていた
・英語は、そこそこできる程度（英検準1級）。帰国子女でもなく、電気分野の学歴もなく、特許法にも精通していなかった
・預金は底をついていた
・出産前のアルバイト年収は約100万円（生活費として使ってしまっていた）

という状況でした。なかなか大変そうでしょう？

最も大変だったのは、子どもたちの世話です。赤ちゃんはさまざまな病気をします。保育所に入所できたといっても、毎朝、体温を測り、平熱より高いと預かってもらえません。さらに上の子は喘息の病気があり、夜間に病院に連れて行ったりすることはしょっちゅうありましたし、入院したこともありました。人の世話をしなくてもいい独身の人などが「時間がなくて」とか「仕事だけで疲れちゃって」などと言うのを聞くと、工夫次第で時間を作ることができるのでは？　と思ってしまいます。

人間は目標を立てるとそれを達成するために考えるようです。第2章を読んでくださった方であれば、私が特別な人間でないことはおわかりかと思いますが、私のような人間でも目標があると、それを達成するにはどうしたらよいのか、必死に考えるのです。私はこの目標達成までの過程を4つに区切り、今、どこのフィールドに立っているかで次の行動を決めるようにしています。一連の行動を考えると、どこに問題があるのかが見つけられにくくなります。「なぜうまくいかないのだろう……」「頑張っても頑張っても先が見えない」と思った時は、一度現状から離れて、冷静に状況を把握する必要があるのです。目標は必ず達成するということを前提に、足りないものを補《おぎな》っていけばいいのです。

STEP 1

目標を設定する

計画性のなさが貧困を招く

『成功したい女《ひと》は、「結婚」を捨てなさい』（経済界）の著者で、一般社団法人マネーキャリア協会会長笠井裕予《かさいひろよ》さんは、笑顔を絶やさない素敵な女性です。上司から厳しい言葉を投げられてもニコニコしながら「はい」と言う笠井さんが、5000万円という借金を背負っていたと聞いて、「あんなに感じのいい女性がどうして多額の借金を？」と長い間、私は疑問に思っていました。

笠井さんは普通のOLさんでしたが、退職をして「やりたいこと探し」を始めました。資格取得に励んだりしているうちに、ネットワークビジネスに嵌《はま》ります。ネットワークビジネスは、登録をしてみたもののすぐに辞めていく人が多く、出入りの厳しい世界で、経費がかさみ、借金をするようになってしまいました。ネットワークビジネスに行き詰まって困っていた時に、未公開株の販売の仕事を紹介され、36歳の時、騙されるような形で借金5000万円以上を背負うことになってしまいました。

未公開株の販売がうまくいっていた時、保険を購入する過程で、『一生かかっても知り得ない年収1億円思考』（経済界）の著者であり、株式会社オフィシャルの代表である、江上治《えがみおさむ》さんと笠井さんは出会いました。後に、借金を背負いお金に困った笠井さんは、オフィシャルで働くことになります。借金のことは黙っていたのですが、取り立ての電話などがかかるようになり、江上さんに過去のことを話すことに……。

「金で人生を捨てるなんて、くだらない話だ」と江上さんはおっしゃって（この言葉には深い意味があります。実は江上さんのお父さんは借金苦で自殺したのです……）、笠井さんの借金を肩代わりする代わりにいくつか条件を出しました。借金をなるべく早く江上さんに返すこと。稼げる人間になるために、今までの生き方を変えること。たとえばつきあう人を全部変えるなど、江上さんの命令は絶対に実行すること。

「君のように、女性の多くは、人生に向き合うことをしない。仕事に、本気で向き合おうとはしない。いつも逃げの姿勢だ。潜在的に、いざとなれば結婚という逃げ場があると考えているからだ。だが、何かに依存しているうちは、いつまでも自立できないし、……だから、苦しくなるのだ」

という江上さんのお言葉は、耳が痛いのですが、その通りだと思います。私も依存しているうちは自立ができませんでした。離婚を現実的に考えてから、人生に、仕事に、お金に真剣に向き合わざるを得なくなったのです。

江上さんの厳しい指導を受け、笠井さんの人生は変わりました。借金を返済しつつ、人生計画を立て、堅実な人生を歩んでいます。協会をつくられたり、本を出されたり、マネー・セミナーの講師をされたり、大活躍をされています。

笠井さんのお話から学べることはたくさんありますが、中でも、逃げ場を作らずに人生に本気で向き合い、長期的な視野を持ちながら人生計画を立てることが大切だと思います。私たちも本気で取り組んでみましょう。

目標出しはゆるく、目標設定は確実に

急に「目標を立てなさい」と言われても、すぐに頭に浮かばないかもしれません。まずは、次のことをゆったりした気持ちでやってみてください。

・達成したいことを「自由に大量に」書き出す
・達成できそうにない大きな夢も書く（大きく考える）
・できるだけ具体的に書いてみる

そしてたくさん書き出したものを見てみます。その中で、自分が本当に心から望むことを選びます。

「しあわせを追求するならば、周囲の期待や社会的通念に従おうとするのではなく、自分が本当に行ないたいことを目標として設定し、その達成を目指すべきである」と、目標としあわせに関する研究をしている、米国ミズーリ・コロンビア大学のケ

ノン・シェルダン心理科学部教授は書いています。

つまり、「しなくてはならないこと」ではなく、「本当に自分がしたいこと」を選びます。

また見当はずれな目標を立ててもいけません。たくさんの女性のカウンセリングをしているカウンセラーに聞いたところ、女性は目の前のことしか見られない傾向があるといいます。目先のことだけ把握して間違ったゴールに向かって頑張るのは、時間と労力の無駄。目標設定にもよく調査をすることが必要です。たとえば、「高収入が欲しいので弁護士の資格をとる」という目標はよくありません。なぜなら、時間と労力と費用がたくさんかかるのに、弁護士になったからといって高収入が約束されているわけではないからです。最近では、収入がそれほど多くない弁護士もいることを知っておかなくてはなりません。

本当に自分が達成したいと思う目標を設定している人たちは、一般に、それを行なっていない人たちよりもしあわせであるうえに、より大きな成功を遂げています。

また「期限付き」の「長期的および短期的な目標」を明確に設定することが、成功の必須条件であることは心理学で証明されているそうです。しかし、最初からそのような目標を立てるのは難しいので、まずは自分が何をしたいか、を簡単に出してみてください。

バーバラ・スタニーは150人以上のミリオネーゼ（月平均約100万円［a million］以上を稼ぐ女性を指す、出版社ディスカヴァー・トゥエンティワンの造語）にインタビューをしましたが、「どの女性も、人から認められること、経済的安定、自分の能力を試すこと、自立など、自分が大事に思う価値観をもとに人生のプランを立てていた。こうした無形の目標が、お金以上に、経済的成功の原動力になっていたのだ」と述べています（『ミリオネーゼになりませんか？』バーバラ・スタニー著、ディスカヴァー・トゥエンティワンP21）。目標というのは、計画という海に迷った時の灯台のような役目を持っているのです。

STEP 2

計画を立てる

死ぬまでに必要なお金を考えたことがありますか？

お金を最優先して人生の目標を設定してしまうとしあわせは遠のいてしまう、ということを念頭に置きつつ、老後もお金に困らず生活するため、お金の計画を立てましょう。

私は長期的目標と短期的目標を立てています。あまり計算や数字が好きではないのと、今では収入より支出が多くなることはないですし、ある程度老後も大丈夫ではないかと思っているので、目標金額などは設定せずに、自分の達成したいことを目標として立てています。けれども、子どもが生まれて家計を真剣に考えた頃は、家計簿を1年間つけて収入と支出を把握して、50万円を1年以内に貯め、それ以外は辞書を買ったり（インターネットで簡単に検索できなかった頃は、「辞書も実力のうち」と言われていました）、翻訳学校の学費、家事を手伝ってもらうための費用として使う（自分に投資をする）、などと決めていました。

まず5年後、10年後の目標を立ててみましょう。

そしてその長期的目標を達成できるように、短期的目標も立てましょう。私は月ごとの目標を立てています。

先に述べたように、女性は男性より平均寿命が長く、賃金は少なく、年金も少ないのです。たとえば、あるファイナンシャルプランナーによれば、シングルの女性が老後資金を用意するとして、60歳から平均寿命の87歳までに必要な資金は、目安として2000万円だそうです。もちろん、この数字は人によって違うので、自分でじっくりと計算してみるか、ファイナンシャルプランナーに相談してみましょう。相談には料金がかかりますが、あなたの大切な人生の計画がかかっているわけですから、そういうことにお金をケチらないことをお勧めします。

歳を取れば取るほど対策も厳しいものになるので、老後資金の計画がない人は、今すぐに、取り組んだほうがいいと思います。「あとで」、「忙しい」、「うまくいかないかも」と先延ばしにしたり、言い訳したり、尻込みするのはもうやめませんか。

計画がないと、糸の切れた凧《たこ》のようなもので、あちこちに行きかねません。経済的な自立はとても大変そうという感じがするかもしれません。確かに大変なこともあるかもしれませんが、それ以上に大きな喜びを得ることができます。気兼ねなく自分のしたいことをして、自分がしあわせになる。それが周りの人たちをしあわせにすることにつながります。

「迷いすぎ」「計画の立てすぎ」も注意

女性が人生設計を立てるうえで一番気にするのは「出産」ではないでしょうか。出産に関しては、年齢が高くなるにつれ、妊娠するのが難しくなります。「仕事か出産か」と悩んでいるのであれば、両方という選択をしてみてはいかがでしょうか。決心してしまうと、両立を達成する方法はいくつも考えつくものです。「不思議とどうにかなった」と私は思いますし、両立してきた多くの母親たちもそう言います。

現在の仕事をしながら出産が難しいという場合であれば、私でしたら、出産を選び、仕事は変えるか、一時的に勤務形態を変えると思います。キャリア形成に差し障ることもありますが、長い目で見れば、出産、子育ての経験がプラスになることもあるでしょう。経済的に不安だという人たちもいますが、話を聞くと非常に優秀で計画性の高い人たちが多かったりします。そういう人たちには「どうにかなる」と肩の力を抜いてほしいと思います。貧しくても家族でしあわせに暮らせている人たちが世界にはたくさんいます。この本を読んでくださる方々は意識が高いので、むしろ貧困に陥る恐怖を感じて行動に移せないという性格の方も多いかと思います。

また若いのに生命保険に入りすぎている人もいます。たとえば、お給料が約20万円なのに、8万円の保険の支払いに苦しんでいる独身の20代の女性がいらっしゃいました。ファイナンシャルプランナーは、保険に入ってもらうとコミッションをもらえる場合があり、コミッション欲しさに多額の保険を勧めてしまう人が稀にいます。そのようなことがあることも知っておくのは大切ですし、少し疑ってみるのもいいでしょう。

いつでもどんな時でも、自分の頭で考えることが大切です。お金が絡む場合はなおさらです。

STEP 3 現状確認をする

多くの人は、目標を決め計画を立てたらすぐに行動に移しがちですが、まず、自分の資源（強み、能力、資格、スキル、人脈、資産、信用など）を書きだして、現在の状況を把握することをお勧めします。世の中には、心配する必要が大いにあるのに全然心配していない人がいるかと思うと、逆に心配する必要がないのに心配している人がいます。自分のことを客観的に見ることができないのです。私もそうなので、客観的に見てくれる人のアドバイスを聞いたりしています。

まずは、今の自分に何ができるかを、一歩離れて見てみることです。女性は自分を低く評価する癖があるので、どんな小さなことでも自分の持っているもの、築いたものを評価してみてください。「折り紙など細かい作業が得意」「ママ友が多い」など何でも結構です。そこに無限の可能性が秘められていると考え、自分に備わっているものを確認してみてください。

私の母は、華道、茶道、折り紙、陶芸などを習っていましたが、教える側にまわったことはありません。「なんでもいいから教える側にまわったら？」と言ったことがありますが、母は自信がないようでした。また、お料理が好きで上手でしたので、町内会のイベントや会食があれば、漬物を大量に作って持っていったりしていました。

母には小さな飲食店を持ちたいという夢がありました。お料理も作れるし、とても人気がある人で、接客も得意だったので、小さな飲食店を開いたらたくさんの人が来て、みんなをハッピーにしてあげられたと思います。私が資金を出すと言って応援していたのですが、自分の能力や強みや人脈などたくさんのものを持っていたのに自分を信じられなかったのか、一歩を踏み出せないまま亡くなりました。私の応援の仕方が悪かったのか、などと悔やまれます。

謙虚さは日本女性のいいところと言われたりもしますが、ここでは自信を持ち、自分の武器を考えてみてください。

STEP 4 「計画」と「現状」のギャップを埋める戦略を練り、行動する

最初から理想とする「計画」と現実の「自分のスキル」ががっちり合っている人は少ないと思います。計画のために自分に何が足りないのか、そして最短で達成できるために必要な戦略は何かを考えなくては、いつまでたっても進みません。計画をスムーズに進めるためには次のような方法があります。

1　成功したい分野の勉強をする
2　その分野で成功している人とつきあう
3　人生を変えるメンターに引き上げてもらう

【戦略1】成功したい分野の勉強をする

まずは、成功したい分野について、本を何冊も読みます。それからセミナーに参加して、講師や参加者から実際に話を聞いて、生の情報を得ます。気をつけなくてはいけないのは無料や低価格のセミナーです。主催者が無料でやってもいいと思っている理由があるはずです。

たとえば、マンションの建築と販売をやっている会社が、女性向けとしてケーキとお茶付きのセミナーをしたりする場合などは、目的はマンションの販売です。とてもいい話に聞こえるので、つい申し込んでしまう人たちがいます。私が参加したセミナーでは、豪華なランチを食べながら話を聞くというもので、お土産もついていました。ランチが終わると、「先着3名には頭金の100万円を免除します」というアナウンスがあり、何人も殺到して仮の申し込みをしていました。けれども、私から見たら、とても高い金額がつけられていましたし、「投資」にならない物件でした。女性の素直さや「お得」が好きということを利用したセールスだと感じました。

セミナーに行く理由は生の情報を得るためです。本やインターネット上の情報は、誰に見られてもいいものなので、誤解を招きそうなことは書いていなかったりしますし、私自身もさまざまな事情で書けないことがありますが、実際に会った人には「ここだけの話だけど」と、本当のことを言うことがあります。

ある程度、自分で勉強すると、自分の進みたい道がわかるようになってきます。たとえば、不動産投資でいえば、いろいろな投資法があります。地方にある利回りが高い物件に投資をしたいのか、利回りは少し低くても都心に投資をしたいのか、競売物件を購入してそれを貸すことでお金を得たいのか、などです。人に勧めてもらいたい気持ちもわかりますが、知識を得て、自分の頭で考えて、主体的に選択しましょう。

【戦略2】その分野で成功している人とつきあう

そして、自分の方向性が決まったら、その方向性で成功している人を探し、アプローチをします。それはたとえば、第一人者や成功者の著書を読んだり、セミナーに参加したりすることです。

セミナーへ行く理由は、もちろん講師の話を聞くことですが、参加者はその講師に憧れてきているので、同じような目標を持つ仲間を見つけるということもあります。セミナーの後に一緒に飲みに行ったりして話をすると、すでに知識をたくさん持っている人もいますので、話を聞くことができます。そういう人たちから、株価予測のプログラミングを教えてもらったり、不動産投資のシミュレーションができるエクセル・シートをもらったり、物件を見せてもらったりしました。

仲間ができると、モチベーションの維持にもなります。日常のことで忙しくて、目標や計画などに割ける時間がないように感じても、同じような条件の人たちが時間をやりくりして、チャレンジしているのを見たり聞いたりすると、自分も頑張ろうという気になります。

【戦略3】人生を変えるメンターに引き上げてもらう

さらに、私は何か達成したいことが見つかると、メンターを持つようにしています。

メンターは、次のようなことを基準に選んでいます。

●本当に成功している人

実はあまりうまくいっていなくて、お金に困っている人が「お金持ちになるためのセミナー」をしたり、実際に自分は成功していないのに、成功している人のコンテンツを使って成功者を装っていることがあります。本当に成功しているのかどうかは、自分がある程度わかっていないと見極めることができません。

●尊敬できる人物であること

「お金をたくさん稼ごう」系のセミナーでは、モチベーションを上げるためか、男性の参加者に「成功して、離婚をして、もっといい女とつきあえる人になろう」などと言う人もいるようです。なにか特別な意図があったのかもしれませんが、そんな発言をする人の人間性を疑ってしまいます。

こちらがどんなにメンターになってほしいと願っても、相手が有名であればあるほど、そして人気があればあるほど、直接メンターになってもらうことが難しくなります。そういう場合はその人の本を手元に置き、折に触れ本を読み、セミナーなどがあれば参加して、常に近くにいて、どんなことでも吸収しようと心がけます。

『LEAN IN（リーン・イン）』の著者、シェリル・サンドバーグは「『メンターを得れば群れから抜け出せる』というようなことを言うのは、もうやめなければならない。話は逆だ。『群れから抜け出せばメンターが得られる』のである」と書いています。これは今の私にはよくわかります。自分がメンターとして望まれている場合に、口だけの人や、根気が続かない人は、目をかけても無駄だと感じてしまいます。やる気があり、粘り強く信頼を得ている人に、いろいろとアドバイスをしたり、手を貸したくなります。

また自分の望みを口に出すことも必要です。特に有能な人たちは、私が叶いそうもない大きな夢を口にしても、バカにすることはありません。一生懸命考えてアドバイスをしてくれたり、力を貸してくれたりします。

✦不動産資産7億をもたらしてくれた私の4つのステップ

さて、私が本格的に不動産投資をしようと思った時の例でお話ししましょう。

STEP 1
「子どもたちを路頭に迷わせないことと、十分な教育を受けさせること」を目標とした

私はライフワーク探しでずいぶん迷いましたが、結婚と出産に関しては、「20代でする」という明確で強い思いがありましたので、結婚と出産を20代ですることができました。また、先に述べたように、「お金を稼ぐ」と決心し、「子どもたちと安定した生活をし、子ども2人に十分な教育を与える」という目標を立てた途端、試行錯誤をしながら、「稼げる」フリーの翻訳者になっていきました。

STEP 2
2人の子どもが医学部で勉強したいと言った時に「お金がないから諦めて」と言わないようにしようと決めた

子どもが成長する過程で、上の子が犬が好きだとわかり、獣医の仕事を勧めました。そこで2人を医学部に通わせることのできるお金（当時の目標は、下の子が大学または大学院を卒業するまでに金融資産1億円）を手に入れようと計画しました。下の子は獣医や医者になりたいとは言ったことがないのですが、一番高い教育費でも払えるというイメージで2人とも医学部で学ぶことができるように、と考えたのです。

STEP 3
（当時の）現状確認
・翻訳の仕事の稼ぎから生活費を引いて残りを貯めるだけでは、数千万円足りない
・自分の資源としてあるのは、預金や持ち家（ローンあり）、翻訳のスキル

この時、翻訳の仕事は法人として安定した経営をすでに数年していたので、それが信用となっていると思いました。しかし私には、不動産や税金の知識が足りていませんでしたし銀行に融資をしてもらう方法も知らず、人脈もありませんでした。

STEP 4
不動産投資の本をたくさん読んだり、セミナーに参加勉強中に、自分の目指す投資方法を決め、その投資方法で成功している人を探す（戦略と行動）

セミナーに参加している人たちや、実際に不動産投資をしている人たちとつきあうようにしたところ、飛躍的に知識が増えました。けれども、なかなか物件を押さえることもできず、融資もしてもらえず、つらい日々が続いたので、メンターを探しました。

建物や税金の知識や融資担当者とのパイプなど、私に足りないところを持っている不動産投資アドバイザーに依頼することにしました。アドバイザーはたくさんの物件情報を持ち、さまざまな銀行の融資担当とのつながりがあったため、力を借りて、私は最初の3億円の投資用不動産を持つことになりました。2棟目は1棟目の実績があったので比較的簡単に購入することができました。

成功への道はどの段階であろうと、しあわせをもたらしてくれる

目標を設定したり、計画を立てたりするのも億劫ですし、その目標を達成するのに努力が必要だったり、大変な思いをすることがあるかもしれません。しかしながら、心理学博士のタル・ベン・シャハーが、

「私たちが明確な目標——言葉にされた決意——を設定すると、私たちの関心は自然にその標的に集中し、何をどうしたらそこに到達できるのかは、おのずと明らかになります」

と述べるように、目標を設定してしまうと、自然とそれを達成するようなことをしたり、目標が達成できるようなことが起こったりするものです。これは私自身も何度も経験しています。目標がなければ、メンターを探したりすることもなかったでしょう。自分の力で達成できなさそうと判断した時に、それでもどうにか達成したいという気持ちがあったため、メンターを探すというような方法を考えついたの

だと思います。

また、心理学者のデービッド・ワトソンが論文に書いているのは、「幸せへの鍵は、目標を達成することにではなく、目標を追求するプロセスにある」ということ。

目標を設定し、それを追求するプロセスでしあわせを感じるのであれば、やはり、目標を設定をしたほうがいいですよね？

また心理学者のアブラハム・マズローは、「私たちが集中して何かを行なうと、それを効率よく行なう私たちの能力が上昇するのみならず、私たちのその作業を、環境が助けてくれるようにもなる」と述べましたが、それは多くの人が経験していることです。私も経験していますが、何かに取り組んでいて、最初はうまくいかなかったり、失敗をしたりして、大変です。けれども、試行錯誤をして、粘り強く取り組んでいると、ある時、とんとん拍子にものごとが進むことがあります。

ぜひ楽しみながら目標設定をして、目標を追求して、しあわせになってください。

おわりに

この本はここで終わりますが、あなたの新たなお金のストーリーがこれから始まることを願っています。

「案ずるより産むが易《やす》し」

このことわざの意味する通り、事前にあれこれ心配するよりも実際にやってみると、案外たやすいものです。ぜひ、一歩踏み出してください。

まずは、ご家族やご友人とお金のことを話す、証券会社に口座を開くなど、なんでもいいので、数日以内にやってみてください。

私は、お金のことを話す仲間を増やす場を提供したりしているので、いらっしゃれる方は気軽に参加していただけたら幸いです。また、あなたが何かお金の取り組みを始めたのであれば、おしえていただけたら幸いです（私のオフィシャルサイトからメッセージを送ってください。大切に読ませていただきます）。

あなたがお金と仲よくなって、ハッピーな日々を送れますように。

星野陽子

祥伝社黄金文庫

お金《かね》の不安《ふあん》から自由《じゆう》になって幸《しあわ》せな女《おんな》になる

平成30年11月20日　初版第1刷発行

著　者　星《ほし》野《の》陽《よう》子《こ》

発行者　辻 浩明

発行所　祥伝社《しょうでんしゃ》

〒101－8701

東京都千代田区神田神保町3－3

電話　03（3265）2084（編集部）

電話　03（3265）2081（販売部）

電話　03（3265）3622（業務部）

http://www.shodensha.co.jp/

印刷所　堀内印刷

製本所　ナショナル製本

　ISBN978-4-396-31745-4 C0195

祥伝社黄金文庫

川口葉子
京都カフェ散歩
喫茶都市をめぐる

とびっきり魅力的なカフェが多い京都。豊富なフォト&エッセイで、たっぷりご案内。

川口葉子
東京カフェ散歩
観光と日常

カフェは、東京の街角を照らす街灯。人々の日常を支える場所。街歩きという観光の拠点。エリア別マップつき。

川口葉子
鎌倉湘南カフェ散歩
海と山と街と

海カフェ、山カフェ、街カフェ――自然と文化と言霊と。バランス良く盛り合わされた彩り豊かなカフェ都市へ。

佐々木千絵
ジジ連れ冥土《めいど》の みやげ旅inパリ

突然の、父の大病……。そうだ、冥土の土産に父の夢だったルーブル美術館へ行こう！　初めての父娘＋伯父旅。

カワムラタマミ
からだはみんな知っている
はじめてのクラニアルセイクラル・セラピー

10円玉1枚分の軽い「圧」だけで、自然治癒力が動き出す！　本当の自分に戻るためのあたたかなヒント集！

山口勝利
冷えた女は、ブスになる。
内臓温度を1℃上げて、誰でもアンチエイジング

むくみ、イライラ、シミにクマ。すべては「冷え」が原因だった。やってはいけない美容のタブーを公開！